Inhalt

Frieder Lauxmann

Eva, lass den Apfel hängen

Frieder Lauxmann

Eva, lass den Apfel hängen

*Philosophische Strategien
zum Umgang mit dem Bösen*

nymphenburger

Dieses Buch ist allen gewidmet, die schon längst wissen, dass es den Teufel nicht gibt, die sich jedoch darüber wundern, was der Kerl trotzdem alles zustande bringt. Ihm fällt immer wieder etwas Neues ein, dem wir uns stellen müssen.

© 2011 nymphenburger in der
F.A. Herbig Verlagsbuchhandlung GmbH, München.
Alle Rechte vorbehalten.
Schutzumschlag: Wolfgang Heinzel
Schutzumschlagmotiv: akg-images, Berlin
Satz: Ina Hesse
Gesetzt aus: 10,6/14 pt. Sabon
Druck und Binden: GGP Media GmbH, Pößneck
Printed in Germany
ISBN 978-3-485-01359-8

www.nymphenburger-verlag.de

Einleitung

Das Ungewollte gewinnt Oberhand

»Buenos Aires ließ antworten: ›Unwetter überall im Landesinnern. Wie viel Kraftstoff habt ihr noch?‹

›Eine halbe Stunde.‹ [...] Das Flugzeug war verurteilt, vor Ablauf von dreißig Minuten in einen Zyklon einzutauchen, der es herunterzerren würde bis an den Boden.«

Fabien, der nächtliche Pilot, fand einen anderen Ausweg, nämlich den in die scheinbar grenzenlose Freiheit für ihn und seinen Funker an Bord: Er zieht die Maschine aus dem Unwetter hinaus über die Wolken. »Fabien tauchte hervor. Staunen überwältigte ihn: Die Helligkeit war so groß, dass sie ihn blendete. [...] Das Flugzeug war mit einem Schlage, mit der Sekunde, in der es hervortauchte, in eine Stille geraten, die wie ein Wunder schien. [...] er ist verloren zwischen den Sternbereichen, deren einziger Bewohner er ist.«

In seinem 1931 erschienenen Roman »Nachtflug« schildert Antoine de Saint-Exupéry ein Post-Flugunternehmen in Argentinien, dessen Direktor Rivière nicht duldet, wenn Piloten vor einer Schlechtwetterfront den Start verweigern oder unverrichteter Dinge den Flug abbrechen. Fabien, sein treuer und zuverlässiger Flieger, wagt daher trotz eines riesigen Sturmtiefs einen Flug, von dem er nicht zurückkehren wird.

9

In derselben Nacht entlässt Rivière im Büro einen langgedienten älteren Monteur wegen eines einzigen Montagefehlers. Der treue Arbeiter wird entlassen, der Pilot fliegt in den Tod. Rivière denkt immerhin über sein Verhalten nach und bedauert seine eigene Härte: »Seltsam, wie das Ungewollte immer wieder die Oberhand gewinnt, wie sich eine große verborgene Macht enthüllt, dieselbe, die die Urwälder hochtreibt und die um alle großen Werke wuchert, drängt und quillt.«

Wie können wir die »große verborgene Macht«, fassen, die das Menschenwerk zu vernichten droht, die durch ihre Kälte nicht nur menschliche Beziehungen ruiniert, sondern auch ihr Verfallene in den Tod treibt, die Hass und Unfrieden hervorbringt und für kleinste Zwiste im Alltag, aber auch für große Kriege sorgt? Sind das alles nur zusammenhanglose Zufälligkeiten, für die das Böse ein abstrakter Sammelbegriff ist? Darüber lohnte sich die Mühe des Nachdenkens nicht. Es ist ganz anders! Wir werden sehen, wie sich hinter allem eine gemeinsame Kraft verbirgt, die mit ihren Armen wie ein Riesenkrake die ganze Welt zu erdrücken droht.

Wir sind nicht machtlos. Strategien gibt es in der Philosophie eigentlich nicht, denn sie dient in erster Linie der Erkenntnis, nicht dem Kampf. Die Verliebtheit in die Weisheit der Welt ist eher ein Motiv der Gelassenheit. Mit dieser Liebe können wir zum Beispiel lernen, wie das, »was die Welt im Innersten zusammenhält«, besser zu verstehen ist. Doch es lohnt sich, die Weisheit auch dort einzusetzen, wo es darauf ankommt, dem Bösen nicht nur passiv zu begegnen.

Der »strategos« war im alten Griechenland einer der zehn gewählten Heerführer. Seine Kunst, die »strategeia«, diente der Kriegführung und der Schlachtenlenkung. Wenn Philosophen kämpfen, dann kämpfen sie ohne Waffen, Philosophie kennt auch keine Strafen, sie hat keine Polizei, sie ist kein Tiger, nicht einmal ein zahnloser. Wenn wir schon nach einem Tiervergleich suchen, dann ist die Philosophie ein Hahn, der die Menschen aus dem Schlaf reißen kann, ein Wächter auf hoher Zinne. Der Philosoph ist ein Mensch, der die geistige Morgendämmerung vor den übrigen Zeitgenossen erkennen muss, auch dann, wenn sie das Böse mit sich bringt. Er kann zwischen den verschiedenen Wissenschaften vermitteln und aus ihnen neue, umfassende Erkenntnisse erlangen, die als ethische Ratschläge für das Leben dienen können. Mit solchen geistigen Mitteln können wir dazu beitragen, dass das Ungewollte nicht Oberhand über uns gewinnt, sondern, rechtzeitig erkannt, immer wieder ferngehalten werden kann.

Erste Strategie
Wurzeln und Herkunft erforschen

Wer etwas gegen das Böse unternehmen will, muss es zunächst durchschauen und wissen, wie es zum ständigen Begleiter der Menschheit geworden ist. Dazu gibt es zwei völlig verschiedene Ebenen der Erkenntnis: Zwar ist der Mensch aus der Natur hervorgegangen, doch er hat sie mit der Menschwerdung zu einem großen Teil wieder verlassen und wurde durch die Geschichte des Geistes geprägt. Die beiden ineinandergreifenden Aspekte müssen wir beachten, wenn vom Bösen die Rede ist.

Der »böse Wolf« und der »arrivierte Affe«

Als unsere Ururahnen als sogenannte Hominiden noch auf den Bäumen herumturnten, konnten sie schon richtig böse sein. Konnten sie das wirklich, sie waren doch noch Tiere? Solche Gedanken brauchten sie sich damals noch nicht zu machen; immerhin haben sie uns ein reiches genetisches Erbe hinterlassen, das unsere Gesellschaft nicht immer beglückt. Unser Verhalten kann uns immer wieder an unsere alte Stammesherkunft erinnern, auch wenn wir im Klettern die einstige Geschicklichkeit ziemlich verloren haben. Doch dann ist mit unseren Vorfahren etwas Einmaliges

12

und Tiefgreifendes geschehen: Wir wurden Menschen. War das ein Wunder oder, wie materialistisch eingestellte Biologen behaupten, ein Zufall?

Wenn wir gegen das Böse etwas erreichen wollen, dann kommt es zunächst darauf an, seine Wurzeln und Herkunft zu kennen. Wenn das Tier nicht böse sein kann, sondern nur der Mensch, dann muss der Mensch als »homo sapiens sapiens«, der »weise und kluge Mensch«, irgendwann damit angefangen haben, böse im ethischen Sinne zu werden. Was ist damals passiert? Wie ist das Böse in die Welt gekommen? Dies ist ein ethisches Problem. Man kann hier von einer mehrere Forschungs- und Denkgebiete umfassenden Aufgabe sprechen. Doch die meisten Wissenschaftler buddeln nur in ihrer eigenen Sandkiste. Hier wird der Versuch gemacht, das Denkgelände aus einer Gesamtschau von oben zu betrachten.

Das Böse lässt sich herleiten:
• Aus der biologischen Evolution, die so ein Gebilde wie den Menschen hervorgebracht hat, als eine seltsame Verbindung aus Natur und Geist.
• Aus der Geistesgeschichte im weitesten Sinne. Sie fußt zunächst auf mythischen Erzählungen und Berichten, die wir auch heute nicht einfach nur als überholte Fantasien abtun dürfen. In ihnen steckt oft eine tiefe Welterkenntnis, die zu ihrer Entstehungszeit nicht in der Sprache unserer heutigen abstrahierenden Wissenschaft formuliert werden konnte.
• Aus der menschlichen Zivilisation und Kultur. Auch sie haben eine evolutionäre Entwicklung hinter sich, die gerade in unserer Zeit auch in Bezug auf das Böse einige Mutationen erlebt.

Der das Böse verkörpernde Märchenwolf will eigentlich nur das, was ihm von Natur auferlegt ist: Er will fressen. Natürlich sollte er dabei nicht eine bettlägerige Großmutter verschlingen, die war für ihn sicher kein Leckerbissen, besser schmeckte ihm da schon das junge Rotkäppchen. Böse ist auch der Wolf, der sechs von sieben Geißlein hinunterwürgt. Diese »Untiere« erleiden eine grausam vollstreckte Todesstrafe, die, wie zumindest jedes Kind empfindet, völlig gerechtfertigt ist. Leider schafft es der Mensch nicht, das Böse so nachhaltig zu vernichten, wie es in diesen Geschichten gelingt. Nur im Märchen können die geretteten Geißlein tanzen und singen: Der Wolf ist tot! In der Wirklichkeit kommt der Wolf immer wieder zurück.

Können wir das Gute und Böse auch in der Tierwelt beobachten? Die Anthropologin Sarah Blaffer Hrdy berichtet von einem Affenweibchen, einer sozusagen »lustigen Witwe«, die ihr noch von einem ausgedienten Alphatier stammendes Junges dem neuen mordlustigen Alphamännchen zum Töten überlässt, um sich dann dem neuen »Herrn« der Sippe zur Kopulation anzubieten. Hätte sie nicht auch anders handeln können? Lassen die Instinkte wirklich keine andere Wahl? Wo bleibt da der gerade bei Affen sonst so deutlich zutage tretende Mutterinstinkt? Der neue Chef wird angebetet, und der räumt die Werke seines Vorgängers beiseite, wobei ihm die Sippenmitglieder helfen, die zuvor dem alten gehorsam gedient hatten. So macht man anscheinend auch bei Affen Karriere. Doch eine Frau, die so handelt wie das hier beschriebene Affenweibchen, und das kommt so ähnlich immer wieder vor, könnten wir eindeutig als böse bezeichnen. Die Menschenfrau, die so handelt, kann sich nicht auf ihre tierischen Vorfahren berufen, schließlich dürfen wir sie ja auch

14

zur Strafe nicht in einen Zookäfig sperren. Doch worin liegt der wesentliche Unterschied? Es gibt ihn sehr wohl, doch dazu musste der Hominide zum Menschen werden.

Wann der Mensch damit angefangen hat, über Gut und Böse nachzudenken, können wir aus anthropologischen Forschungsergebnissen nicht datieren. Erst Überreste, die auf einen Totenkult hinweisen, oder sonstige Kultstätten lassen erkennen, dass diese Menschen sich Gedanken machten über ein Jenseits und höhere, geistige Mächte, denen sie sich verbunden und verpflichtet fühlten. Die Entstehung der Menschheit mit der Befreiung aus der Tierwelt und diese mit der Entwicklung des bewussten Umgangs mit Gut und Böse gleichzusetzen wäre immerhin möglich. Doch dieser Schluss betrifft auch ein Gebiet der Mythologie, wie wir noch sehen werden.

Den Unterschied zwischen Mensch und Tier im tierischen Verhalten zu suchen fällt nicht immer leicht. Die Philosophin Annemarie Pieper berichtet in ihrem Buch »Gut und Böse« (1997) eine geradezu rührende Geschichte. In einem amerikanischen Zoo war ein zweijähriges Kind in das Freigehege der Schimpansen gefallen. Die männlichen Tiere gingen drohend auf das Menschlein zu. Da packte ein Weibchen das Kind und trug es wohlbehalten zu der Tür, an der es ein Wärter entgegennehmen konnte. Kann man ein »böses« Tier so dressieren, dass es ein »gutes« Tier wird? Und bleibt dann das Tier ein Tier oder wird es zu einem menschlichen Werkzeug?

Angesichts solcher Beobachtungen muss doch der Eindruck entstehen, es gebe auch im Tierreich grundsätzlich Gut und Böse im Verhalten, wenn auch ein Tier in Gefangenschaft anders handeln mag als im Urwald. Kann man denn nicht auch zum Beispiel bei Hunden sogar etwas

15

Ähnliches wie ein schlechtes Gewissen erkennen? Erbaulich ist es immerhin zu beobachten, wie ein Herr einen Prügel in den Teich wirft und seinem Hund befiehlt, diesen zu apportieren. Der sympathische Hund streckt vorsichtig eine Pfote ins Wasser. Da es ihm zu kalt erscheint, verzichtet er darauf, seinem Herrn zu gehorchen. Lieber ein unzufriedenes Herrchen, denkt er wohl, als sich einen Schnupfen zu holen. Der Hund baut sich daraufhin in demütiger Haltung vor seinem Herrn auf und blickt sanft nach oben, sozusagen als Entschuldigung für diese Befehlsverweigerung.

Der Biologe, Verhaltensforscher und Nobelpreisträger Konrad Lorenz (1903–1989), der mit Büchern wie »Das sogenannte Böse« und »Die Rückseite des Spiegels« auch außerhalb der Wissenschaft berühmt geworden ist, versuchte nachzuweisen, dass ein Tier nur so handeln kann, wie es ihm seine in einem langen Evolutionsprozess geformten Instinkte eingeben, um im Überlebenskampf zu bestehen. In dieser Hinsicht bereicherte er das Erbe Charles Darwins. Das tierische Verhalten dient, wie er immer betont, nur der Selbst- und Arterhaltung, und um seine Reaktion zu deuten, müsse man sich stets fragen, worin der Sinn seines Verhaltens im Hinblick auf die Evolution mit ihrem Kampf ums Dasein liege, die ihm gerade dies abverlange? Ein Tier kann also nach seiner Ansicht grundsätzlich nicht böse sein.

Dies zu akzeptieren fällt nicht leicht, denn manche Vorkommnisse im Tierreich, gerade im Verhalten unter unseren tierischen Artverwandten, erscheinen aus menschlicher Sicht böse zu sein. Lorenz selbst beschreibt Verhaltensweisen, die uns, nach der Bewertung in der menschlichen Parallelsphäre als niederträchtig und verwerflich erscheinen würden, wenn z.B. eine ihrem Erpelgemahl treue Ente beim Brüten von einem »Freund« der Entenfamilie mehrmals brutal vergewaltigt wird. Doch zur Deutung kommt es nach Lorenz nur darauf an, wie Tiere im Laufe ihrer langen Evolution gelernt haben, mit ihren Artgenossen und Feinden umzugehen. Dennoch, das »sogenannte« Böse im Tierreich kann nach Lorenz nicht wirklich böse sein.

Mit dieser Ansicht konnte sich Lorenz nicht überall durchsetzen. Markowitsch und Siefer (in dem Werk »Tatort Gehirn«, 2007) bekennen demgegenüber, es sei eine »romantische Verblendung«, wie Lorenz zu lehren, nur der Mensch könne böse sein, ein Tier dagegen grundsätzlich nicht. Demgegenüber behaupten sie: »Der Mensch ist Natur, und wenn er ein Mörder ist, so ist es der Schimpanse ebenfalls, unser behaarter Vetter kennt die auf die günstige Gelegenheit wartende Niedertracht.«

Und wie ist es mit der »bösen« Katze? Soweit sie nicht künstlich mit Fertignahrung aus dem Supermarkt abgespeist wird, frisst sie eine gefangene Maus nicht sogleich, was ihr doch eigentlich zum Überleben genügen müsste, sondern quält sie noch regelrecht, nachdem das Opfer zunächst kampfunfähig gebissen wurde. Die Katze findet offensichtlich Lust und Befriedigung daran, mit dem wunden Tierchen zu spielen. Ist das eine Form des Sadismus? Wenn dieser »Sadismus« allerdings dadurch zustande kommt, dass die Katze eine gewisse Zeit braucht, um die zur Verdauung einer nicht nur aus Filetstücken, sondern auch aus Fell und Knochen bestehenden Maus benötigten Verdauungsfermente zu entwickeln, so tut sie das natürlich nicht bewusst, auch wenn sie ihr Gefühl dabei gewissermaßen genießt.

17

Egal wie »gut« oder »böse« sich das Tier verhält, Konrad Lorenz spricht bei Tieren nur von »der Moral analogen Verhaltensweisen«. Doch in seinem Buch »Die Rückseite des Spiegels« (1973) dehnte er die Theorien, die er aus dem tierischen Verhalten herleitete, auch auf den Menschen aus, was ihn zu dieser anfechtbaren Erkenntnis führte: »Für den Naturforscher ist der Mensch ein Lebewesen, das seine Eigenschaften und Leistungen, einschließlich seiner hohen Fähigkeit des Erkennens der Evolution verdankt.« Daher fühlte er sich berechtigt, »den menschlichen Geist zum Gegenstand naturwissenschaftlicher Betrachtung zu machen«. Wenn er konsequent geblieben wäre, dann hätte er also auch dem Menschen die Fähigkeit zum Bösen aberkennen müssen. Das tut er natürlich nicht. Sein Buch »Die acht Todsünden der zivilisierten Menschheit« (1973) belegt dies besonders deutlich.

Der Mensch als »Tier, das einen Herrn nötig hat«

Man kann es kaum glauben, was Kant 1784 in seiner Schrift »Idee zu einer allgemeinen Geschichte in weltbürgerlicher Absicht« zum Besten gab: »Der Mensch ist ein Tier, das, wenn es unter anderen seiner Gattung lebt, einen Herrn nötig hat, […] der ihm den eigenen Willen breche.« Das konnte doch der Chefanalyst der menschlichen Vernunft nur sagen, als er vielleicht einmal resignierend feststellen musste, wie ein großer Teil der Menschheit das Sittengesetz wohl doch nicht von vornherein, »a priori«, wie Kant schrieb, allein mit der reinen Vernunft in sich aufspürte, sondern dass manchmal eine »a posteriori« (im Nachhinein erfahrene), also durchaus empirisch wahrge-

18

nommene Tracht Prügel der Entwicklung des Sittengesetzes Vorschub leistete, und so die geistige Entwicklung vom wilden Tier zum vernunftbegabten Menschen beschleunigte. War Kant, mehr als zwei Generationen vor Darwin, schon dessen heimlicher Prophet?

Noch weiter als Lorenz ging der britische Zoologe Desmond Morris in seinen zahlreichen Büchern, von denen »Der nackte Affe« (1968) Epoche machte. In seinem Windschatten arbeitet auch der Biologe Franz Wuketits. Er meint in seinem Werk »Warum uns das Böse fasziniert« (2000), der Mensch sei nicht mehr als ein »arrivierter Affe« oder, wie er es an anderer Stelle ausdrückt, ein »modifizierter« Affe. Er schreibt, unser moralisches Verhalten sei »nichts weiter als die Verlängerung bzw. Verfeinerung uralter, in der Stammesgeschichte entstandener Verhaltensweisen, die ursprünglich nichts mit moralischen Kategorien zu tun hatten, sehr wohl aber biosoziale Funktionen erfüllten«. Er wird allerdings inkonsequent, wenn er dennoch behauptet, der wichtigste Unterschied zwischen Schimpansen und Menschen bestehe wohl darin, dass Menschen ihr Verhalten nach moralischen Kriterien beurteilen können und zwischen Gut und Böse unterscheiden. Wenn er das glaubt, dann hätte er uns den arrivierten oder modifizierten Affen eigentlich ersparen müssen. Doch inzwischen geht Wuketits (2010) noch weiter, wenn er auch dem Menschen die Fähigkeit zur Moral mehr oder weniger abspricht und folgert, unsere ganze Zivilisationsgeschichte umgebe uns nur mit einer äußerst dünnen Haut, und wir würden fortgesetzt in die Fallgrube tappen, in die uns unser Steinzeitgehirn führt. »Von Natur aus ist der Mensch also weder gut noch böse, sondern macht nur, was ihm sein biologischer Imperativ gebietet, was soll ihm

19

da noch ›Moral‹?« Daraus folgert er: »Wir brauchen nicht mehr, sondern weniger Moral.« Unsere Zivilisation sei angetreten, urteilt Wuketits, um das Böse in der Welt zu bekämpfen, doch sei ihr dabei nichts Besseres eingefallen, als sich jener Mittel zu bedienen, die sie als böse verachtet: Verfolgung Andersdenkender, Folter, Mord. Auch wenn sein Buch »Wie viel Moral verträgt der Mensch« sich als »Provokation« versteht, bleiben solche Thesen dennoch barer Unsinn eines Biologen, der so tut, als ob es außer der Biologie nichts zu bedenken gäbe. Denn ganz so schlecht sollte man von Normalmenschen nicht denken, für die meisten von ihnen ist Moral nicht eine Folge des Zwangs, sondern die erlernbare Einsicht in das Leben der menschlichen Gemeinschaft. Trotz des tierischen Erbes hat sich im menschlichen Verhalten seit der Menschwerdung doch manches nachhaltig verändert. Auch moderne Biologen scheitern an ihren eigenen Dogmen, soweit sie meinen, das Wesen des Menschen ließe sich innerhalb der Biologie erklären.

Immerhin dürfen wir gelassen zur Kenntnis nehmen, dass manches in unserem Verhalten noch aus dem Tierreich stammt. Wir wissen zum Beispiel bei einem hilfsbereiten Menschen zunächst auch nicht, ob er aus bewusster, moralisch motivierter Überzeugung gut ist oder ob er aus einem unbewussten, instinktiv gesteuerten Drang heraus einfach helfen *muss*. Es gibt nach neuen Erkenntnissen einen genetisch installierten »Mechanismus«, der Menschen durch Empathie zum unmittelbaren Mitempfinden mit dem anderen zwingt und auf den er reagieren muss. So verstanden wäre selbst der barmherzige Samariter nur ein Mensch mit stark entwickelter Fähigkeit zur Empathie, der das Leiden eines anderen geradezu körperlich spürt.

20

Der Samariter »wurde von Mitleid ergriffen« (nach der Übersetzung von Berger und Nord; Luther übersetzte »es jammerte sein«), mit anderen Worten, der Samariter konnte gar nicht anders als helfen; seine Hilfe ist dann gewissermaßen nur eine positive »Triebtat«, zu der auch manche Tiere fähig sind. Daher ist Empathie im Grunde nichts anderes als das wissenschaftlich erforschte, kreatürliche Mitgefühl. Doch zu welcher Handlung dieses Mitgefühl führt, ist eine menschliche Entscheidung, die ethisch und nicht nur biologisch beurteilt werden muss.

Am Ende von Puccinis Oper »La Bohème«, wenn die junge Blumenstickerin Mimi ihr ärmliches und doch liebevolles kleines Leben im Kreis ihrer verzweifelten Freunde aushustet, sind die Besucher im Theater sichtlich ergriffen. Dabei ist doch scheinbar nichts anderes passiert, als dass eine Opernsängerin kunstvoll singt und spielt, damit ihre Arbeit verrichtet und jetzt Feierabend hat. Selbst auf so entfernte und indirekte Weise werden geradezu mechanisch Trauer und Mitgefühl erweckt. Das klingt harmlos, wenn man nicht wüsste, dass auf die gleiche Weise Hassgefühle und Aggression auf eine Horde von Menschen (und natürlich auch Tiere) überspringen können. Das Gute und das Böse sind also zum Teil auch von außen beeinflussbare geistige Mechanismen. Doch die Handlung, die dann folgt, ist beim Tier zwanghaft, beim Menschen muss sie eine geistige Kontrollinstanz durchlaufen. Kurz gesagt: Das Tier muss handeln, der Mensch trägt Verantwortung für seine Wahl zwischen Gut und Böse, selbst dann, wenn sie scheinbar fremdbestimmt ist.

Zur »Ehrenrettung« Kants ist nachzutragen, dass er kein grundsätzlicher Anhänger eines zu »brechenden Willens« war, wie es die oben zitierte These vermuten lässt.

21

In seiner 1793 erschienenen Schrift »Die Religion innerhalb der Grenzen der bloßen Vernunft« unterstellte er dem Menschen, mit der »Anlage zur Persönlichkeit« als Haupteigenschaft, »die Empfänglichkeit der Achtung für das moralische Gesetz«. Er lehnte daher das Abschieben der Verantwortung auf die Vorfahren ab. Es sei in Bezug auf das Böse »die unschicklichste Art, es sich als Anerbung von den ersten Eltern auf uns gekommen vorzustellen«. Lange vor Darwin ahnte er vermutlich das tierische Erbe im Menschen, doch er erkannte es nicht an.

Erich Fromms frommer Wunsch

Zu dem Bösen als einem auch beim Menschen evolutionär entstandenen Grundtrieb gibt es auch eine radikal entgegengesetzte, einigermaßen optimistische Theorie. Sie stammt von dem deutsch-amerikanischen Sozialpsychologen Erich Fromm (1900–1980), dessen grundlegendes Werk »Anatomie der menschlichen Destruktivität« (1973) in fernem Nachklang zu Karl Marx versucht, den Menschen als Produkt der Gesellschaft darzustellen, mit anderen Worten: Der Charakter eines Menschen richtet sich nach den sozialen Verhältnissen, mit denen er aufwächst und lebt, denn auch die erziehenden Eltern sind nur ein Teil der Gesellschaft. Daher ist »Aggression als Bestandteil des sozialen Charakters und nicht als isolierter Verhaltenszug anzusehen«. Fromms Ansatz geht davon aus, der »anthropologische Adam« sei nicht von Natur aus destruktiv, denn um sich zu verteidigen und Nahrung zu erbeuten, müsse man nicht zerstören. Erst die menschliche Zivilisation habe diese Neigung hervorgebracht. Den über

22

das lebenserhaltende Maß hinausgehenden menschlichen Sadismus hält Fromm nicht für ein Natur-, sondern für ein Zivilisationsprodukt. »Die Geschichte der Zivilisation von der Zerstörung Karthagos und Jerusalems bis zur Zerstörung von Dresden und Hiroshima und der Vernichtung der Menschen, der Erde und Bäume von Vietnam ist ein tragisches Dokument des Sadismus und der Zerstörungslust.« Es handle sich hier, meint Fromm, um Fälle einer »biologisch nicht adaptiven Aggression«, weil Destruktivität und Grausamkeit keine Verteidigung gegen eine Bedrohung darstellten. Die bösartige Aggression ist nach Ansicht Fromms keine Folge des Instinkts, also auch nicht dem Menschen angeboren (genetisch programmiert), sondern sie ist ein gesellschaftlich erlerntes Modell, das nur der Lustbefriedigung dient. Daraus leitet er die Hoffnung ab, den Menschen von seiner bösartigen Aggression, als erlerntem Verhaltensmodell, zu befreien, wenn es gelingt, neue Modelle des Verhaltens einzuführen. Man müsse soziale Verhältnisse schaffen, in denen der Mensch mit seiner Neigung zu Destruktivität, Sadismus und Nekrophilie, also der genüsslichen Freude am Töten und am Toten, nichts mehr anfangen könne.

Ob es wirklich so ist oder ob es bei Fromms frommem Wunsch bleiben wird, wissen wir noch nicht, es mag jedoch bezweifelt werden. Es lohnt sich der Versuch, dem Menschen seine abartigen Lustgefühle »abzuerziehen«, auch wenn der Erfolg mehr als fraglich bleibt. Kann man den Menschen mitsamt seiner Gesellschaft umprogrammieren? Es mag sein, dass der Zug zur bösartigen Aggression, einschließlich des auch in unserer Zeit immer wieder auftretenden Sadismus, doch tiefer im Menschen steckt, als man es von einem »gesellschaftlichen Modell« erwarten kann. Die Lust am Bösen, am Quälen, können schon kleine Kinder »aus gutem Hause« empfinden, wenn sie Käfer zertreten und Würmer zerschnipfeln. Spürt denn nicht auch das Raubtier »Lust«, wenn es in einem erlegten Opfer so richtig herzhaft zubeißen kann? Wer weiß, wie viele friedliche Stämme und Völker schon in prähistorischer Zeit von hinterlistig und aggressiv kämpfenden Völkern ausgerottet worden sind? Seither ist es nicht besser geworden. So gesehen ist es fast ein Wunder, dass die friedliebenden Menschen nicht ganz ausgestorben sind.

Doch was wäre ein Stamm, in dem es nur Gutmenschen gibt? Er könnte nicht lange existieren. Denn ohne die Bekanntschaft mit dem Bösen kann sich kein Volk entwickeln. Umgekehrt kann auch ein Stamm aus lauter bösen Menschen nicht überleben. Die ausgleichende Mischung ist ein Überlebensmoment. Menschen lernen das Böse oft schon in der eigenen Familie kennen. Fehlt es an äußeren Feinden, dann schlagen sich Brüder gegenseitig tot, wie der sesshafte Landwirt Kain den mit seiner Herde nomadisierenden Abel; auch dafür steht dieser berühmte Mythos. Ohne Lügner lernt der Mensch den Sinn der Wahrheit nicht zu verstehen; ohne mit der Gefahr bekannt zu sein, kann der Mensch Schutz und Geborgenheit nicht genießen. Auch wenn wir unsere genetische Herkunft aus dem Tierreich kennen und anerkennen, müssen wir immer bedenken, dass wir Menschen auf dem Weg in die Zivilisation gewaltige Fortschritte gemacht haben und hoffen dürfen, noch weiter fortzuschreiten, auch wenn wir nie das Ziel einer irdischen Vollkommenheit erreichen werden.

Wer die menschliche Zivilisation verlässt, gerät in Gefahr, tierisch zu handeln. Immer wieder gab es sogenannte Wolfskinder. Gemeint sind nicht die Flüchtlingskinder aus Ostpreußen, die nach dem Krieg elternlos umherstreiften, sondern Kinder, die ohne menschlichen Kontakt aufwachsen. Ein Beispiel ist der 2004 in einer abgelegenen Gegend Sibiriens aufgefundene, damals siebenjährige Andrei Tolstyk. Er war noch ein Säugling, als seine Mutter das Weite suchte. Der Grund war der schwere Alkoholismus des Vaters. Nach kurzer Zeit verließ auch dieser das Haus und ließ das Kind und den Wachhund zurück. Wie es eine Hündin geschafft hat, das »Herrenkind« durch die Jahre zu bringen, ist rätselhaft. Als man den kleinen Andrei endlich auffand, konnte er nur bellen und kein Wort sprechen. Er lief auf allen vieren und beschnüffelte alles Essbare, das er fand oder die Hündin herangebracht hatte. Menschen knurrte er an. – Inzwischen soll der Junge wie ein normaler Mensch gehen und auch das Sprechen gelernt haben. Zu beachten: Dem Hund kann man solches nicht beibringen, er bleibt ein Tier.

Das Böse – eine Geistgeburt?

In früheren Jahrhunderten gab es für das abstrakte Denken keine Sprache. Geistige Erkenntnisse konnte man nur in gemalten oder gesprochenen Bildern übermitteln. So kann man Mythen als Vorläufer der Philosophie verstehen. Ihren geistigen Gehalt musste man nicht analysieren, er wirkte als Ganzes in der Erzählung. Solche Geschichten mussten nicht ausgelegt werden, sie wurden intuitiv verstanden und jeweils auf ihre Weise dem Gemüt zugefügt. Menschen leben mitunter auch von solchen Mythen, die sie nie vernommen haben und deren hintergründigen Sinn sie auch nie entschlüsseln könnten. Solche Geschichten können sich mehr oder weniger unbewusst im kollektiven Gedächtnis bis in die Gegenwart festklammern. So nimmt es denn kein Wunder, wenn man den Sinn von »das Böse« nicht erklären musste; man konnte es einem bösen Wesen zuschreiben, das dieses Böse verkörperte. Dieses Wesen hatte vielerlei Namen. Die gängigste Benennung ist der Teufel. Andere Worte sind Satan, Beelzebub (Bal Sebul), Drache, Schlange, Leviathan, Luzifer oder auch »der« Böse. Trotz unterschiedlicher Herkunft werden in der Bibel diese Namen teilweise gleichbedeutend gebraucht. In der Offenbarung (12,9) heißt es: »Und es ward ausgeworfen der böse Drache, die alte Schlange, die da heißt Teufel und Satanas.« Es werden also zwischen diesen vier Wörtern keine begrifflichen Unterschiede gemacht. Dieses böse Universalwesen ist mit der Bibel aus dem Orient in die abendländische Kultur gelangt und hat sich dort unwiderruflich breitgemacht. Dabei hatte der Teufel auf seiner Wanderung zuvor einen großen Bogen um Griechenland und das alte Rom geschlagen. Dort war er nicht bekannt, ohne dass man sagen könnte, er habe diese Reiche von bösen Angelegenheiten verschont. Man hatte ja die Götter, die sich alles erlauben konnten, warum sollten dann die Menschen besser sein?

Das Böse ist so alt wie die Welt. Dies behaupten manche Schöpfungsmythen, doch das Bedrohliche und Unheilvolle ist in ihnen kein einheitliches Phänomen; die Völker haben es, wenn überhaupt, auf ganz verschiedene Weise erkannt. Und doch gehen wir davon aus, hinter den unterschiedlichsten Erscheinungsformen etwas zu erkennen, was allen gemeinsam ist. Man könnte auch sagen: Das Böse ist so alt wie die menschliche Kultur, deren zögerlicher Anfang, wenn auch über viele Tausende von Jahren hinweg, mit der Menschwerdung beginnt. Diese Erkenntnis ist nicht neu, wie wir aus dem biblischen Schöpfungsmythos erfahren können.

Drei Mythenlandschaften sollen zum Thema das Böse hier als Beispiele erwähnt werden: Babylon, Griechenland und Israel. Es handelt sich um drei grundverschiedene Versuche, dem, was wir heute als böse erkennen, sprachlich und gedanklich näherzukommen. Im Beispiel aus der griechischen Mythologie ist vom Bösen nicht ausdrücklich die Rede. Man verlagert es unkritisch auf die Götter, um zu zeigen, wie schlimm es auf dem Olymp zugeht. Wenn die Götter solche Taten vollbringen, warum könnten dann die Menschen besser sein?

Die am einfachsten wiederzugebende und dennoch hintergründigste Erzählung stammt aus der israelischen Schöpfungsgeschichte im Alten Testament der Bibel, wobei sich zeigen wird, dass diese Geschichte auf einer verdrängten, noch älteren Geschichte baut. Kurz gesagt: Das Böse kommt mit dem Menschen auf die Welt. Es breitet sich in unseren Beispielen von drei grundverschiedenen Ursachen aus:

- weil man es nicht rechtzeitig bekämpft (Babylon, 5.),
- weil die Götter da oben auch nicht besser sind (Griechenland, 6.),
- weil der Mensch der Versuchung durch das Böse erliegt (Israel, 7.).

27

Das Böse im Gutmenschen

Die sogenannten Gutmenschen waren schon immer gefährlich. Es sind die Hundertfünfzigprozentigen, die Streber, die Möchtegernheiligen und Fanatiker. Über sie gibt es einen eigenartigen Mythos, der auch in heutiger Zeit noch oder wieder überdacht werden könnte. Seine »Moral« erscheint allerdings hart und unmenschlich: Wenn man das Böse vermeiden will, muss man Unruhestifter und Randalierer schon als Jugendliche gleich totschlagen – dank einer Göttin hat sich diese mehr als fragwürdige Lehre nicht durchgesetzt. Und dennoch leiden Menschen an den Folgen dieser mildtätigen Verschonung.

Von den Mythen, die sich mit der Frage befassen, wie das Böse in die Welt geriet, ist die Erzählung aus dem »Babylonischen Schöpfungslied« (Enuma Elisch) sicher eine der grausamsten. Es stammt aus dem Lande Akkad in seinen Ursprüngen aus dem 2. Jahrtausend v. Chr., wurde jedoch in der erhaltenen Form erst später niedergeschrieben. Die folgende Geschichte spielt nach heutiger Geografie im Irak, und offensichtlich hat sich an einigen Menschen weniger geändert, als wir annehmen, trotz der Herrschaft des Islam, den es damals natürlich noch längst nicht gab. Der Text Enuma Elisch handelt von einer reichlich chaotischen Schöpferfamilie. Kaum hatte sich der Schöpfervater Apsu mit seiner Gemahlin Tiamat auf der Erde wohnlich niedergelassen, kam es schon zum Streit. Die beiden wollten ihre Ruhe, um gewissermaßen auf ihren Lorbeeren auszuruhen. Die schon erwachsenen Junggötter machten jedoch einen entsetzlichen Lärm und verwüsteten das ganze Haus, etwas, was auch in unserer Zeit vorkommt. Deshalb wollte Apsu seine randalierenden Göttersöhne vernichten.

Doch seine Gattin Tiamat mahnte zur Milde:

»Einen Schmerzensschrei stieß sie aus,
wütend in ihrem Alleinsein,
ließ sie das Böse ein in ihr Herz:
Was, vernichten sollen wir, was wir geschaffen haben?
Gewiss, ihr Verhalten ist peinlich,
doch wollen wir uns in Sanftmut gedulden.«

Der Vater ließ sich nicht umstimmen, er blieb bei seiner Absicht, die Söhne zu töten. Doch die bekamen seine Mordpläne mit, vielleicht hatte die Mutter sie ihnen zugesteckt. Sie drehten den Spieß um, betäubten und fesselten den Vater und stachen zu. Der auf Strafe sinnende Schöpfergott wurde ermordet. Die Mitschöpferin und Schöpfergattin Tiamat, die hier zwar als die Milde, Besänftigende erscheint, wurde gerade wegen dieser Herzensgüte teilweise auch als Schlange und Drache dargestellt. Der Satz »sie ließ das Böse ein in ihr Herz« ist daher in der folgenden Bedeutung zu verstehen: Sie wollte, was ja naheliegt, ihre Söhne vor dem Tod bewahren und bat den erzürnten Gatten um Mäßigung und Milde. Doch das, was wir heute für Güte halten würden, erwies sich aus damaliger Sicht als das Böse, denn die Randalierer haben freie Hand, seit sie den Schöpfer umgebracht haben. Die uns heute zweifelhaft erscheinende Moral dieses Mythos zeigt sich so: Die gewalttätigen Ruhestörer und Kriegstreiber setzen sich durch, das Böse besteht in der weiblichen Milde und Rücksicht ihnen gegenüber. Es ist böse, das Böse zu verschonen.

Mit Max Frisch und seinem berühmten Drama sähe die Sache so aus: Nicht nur die »Brandstifter« sind böse, sondern auch der naive »Biedermann«, der sie in sein Haus lässt! Die Probleme sind alt, doch die Bewertung, mehr als dreitausend Jahre später, kann sich ändern.

Hätte der radikale Gott Apsu doch auf den Rat seiner Frau hören und mit den Söhnen ein ernstes Wörtchen reden müssen? Vermutlich hätte es nicht geholfen. Diese Aussage hat einen aktuellen Hintergrund: Elias, ein sechzehnjähriger Junge aus Hamburg mit einem serbisch-albanischen Elternpaar, ersticht ohne Grund, nur weil er gerade eine Wut hat, einen neunzehnjährigen Jungen im U-Bahnhof Jungfernstieg. Nachdem er gefasst wird, stellt sich heraus, dass Elias zwanzig Straftaten auf dem Kerbholz hatte, teilweise mit schwer verletzten Opfern, er galt zuvor schon als aggressiver Intensivtäter. Einmal wurde er »zur Strafe« verpflichtet, irgendeine soziale Gartenarbeit zu leisten. Schon zwei Monate zuvor hatte er sich in der Schule nicht mehr blicken lassen, auch um einen Ausbildungsplatz hatte er sich nicht gekümmert, da er dazu, wie er sagte, »keinen Bock« hatte. Als Polizeibeamte ihn zuvor einmal ermahnten und eine Gefängnisstrafe in Aussicht stellten, winkte Elias lachend ab: »Wie man sieht, passiert mir ja nichts.«

Freiheitsstrafen werden bei Jugendlichen nur in Ausnahmefällen verhängt. Das Jugendamt hatte sich auch nicht um die in totalem Chaos lebende Familie gekümmert. In der endlich nach dem Tötungsdelikt angeordneten Untersuchungshaft schiebt Elias seine Schuld auf den Staat. Die amtliche Nachsicht mit ihm hätte seine weiteren Taten begünstigt. Hätte man ihn früher inhaftiert, so äußerte er sich, dann wäre ihm dies eine Lehre gewesen und er hätte weitere Straftaten wahrscheinlich unterlassen. Er betonte sogar, er habe sich regelrecht gewünscht, einge-

30

sperrt zu werden, denn bis zum tödlichen Messerstich sei er praktisch immer ohne Folgen davongekommen (Sabine Rückert, Die Zeit 5/11).

Wie war das damals im Lande Akkad in Babylonien: Tiamat ließ das Böse ein in ihr Herz und sagte, wir wollen Sanftmut üben. – Müssen wir damit beginnen, unsere liberalen Moralvorstellungen zu überprüfen? Es könnte sein, dass man im alten Mesopotamien schon ähnliche Erfahrungen sammeln konnte wie wir heute. Auf einen ähnlichen Fall werden wir noch zurückkommen.

Die Anbetung der Glitzerwelt

Die alten Griechen und in ihrem Gefolge die Römer kannten den Teufel nicht. Dies ist manchen ein Beweis dafür, wie gut es sich leben lässt, wenn man in seinem Glauben und Denken einen Widersacher der Götter weder kennt noch fürchtet. Allerdings herrschte bei den Völkern und Kulturen der Antike auch nicht ständig eitel Sonnenschein, und eine Unterwelt gab es auch. Die Griechen hatten ein vollkommen anderes Gespür für das Böse in der Welt. Ihre Götter, zu denen sie beteten, waren zugleich Blender, Betrüger und Mörder; Steuern zahlten sie natürlich auch nicht. Sie kümmerten sich wenig um die Menschen, sondern, ähnlich wie moderne Diktatoren und medienwirksame Schnellverdiener, um ihr eigenes Luxusleben. Auf dem hohen Olymp herrschten Rücksichtslosigkeit und sexuelle Gewalt. Die Herren nährten sich nicht nur von Nektar und Ambrosia, sondern verspeisten wie der Göttervater Kronos gelegentlich ihre eigenen Kinder. Die himmlischen Herrschaften waren böse, ohne dass man ihnen das eigentlich übel nahm. Mit Moral hatten sie nichts am Götterhut. Ihre Schandtaten an Menschen waren nicht als Strafe gedacht, wie die von Jahwe über Israel verhängten Unbilden, sondern dienten dem eigenen Vergnügen. Aus der in mehrfacher Hinsicht chaotischen Götterwelt sei hier ein Mythos herausgegriffen, der von Prometheus. Er kann hier nur vereinfacht wiedergegeben werden.

Zeus, der das Fressgelage seines Vaters Kronos durch eine List überlebt hatte, stürzte diesen durch einen Putsch und machte sich selbst zum Ober- und Hauptgott. Prometheus, ein Göttersprössling, erklärte sich ihm gegenüber zum Anwalt der Menschen, die er – Prometheus – selbst geformt hatte. Gegen die Götter kann man nur kämpfen, dachte er, indem man sie betrügt. Er bot dem Göttervater einen mit wertlosem Unschlitt und entbeinten Knochen gefüllten Balg als Opfertier. Als Zeus den Betrug durchschaute, strafte er Prometheus und seine unschuldigen Schutzbefohlenen, das Menschengeschlecht. Er sperrte ihnen das zum Lämmergrillen und Souvlakibraten notwendige Feuer. Doch auch hier wusste Prometheus schlauen Rat. Als die göttliche Gefolgschaft im Sonnenwagen vorüberfuhr, näherte er sich mit einem trockenen Fenchelstängel, der sich an dem heißen Ofen mit der göttlichen Besatzung entzündete, und raubte damit das Feuer für die Menschheit. Am Abend, als Familie Zeus wieder zu Hause war, blickte der Göttervater auf die Erde hernieder und entdeckte dort die Feuerlichter der Menschen, wodurch er in verständlichem Zorn entbrannte. Da ersann er ein neues Übel. Er ließ ein künstliches Mädchen herstellen, das alle denkbaren Schönheitsköniginnen in den Schatten der griechischen Sonne stellte, und nannte sie Pandora, die »Allbeschenkte«. Sie hatte eine große Kiste oder Büchse bei sich, aus der sie Geschenke verteilen konnte. Epimetheus, der Bruder des Prometheus, war zwar gewarnt worden, sich nicht von ihr beschenken zu lassen, da ja die Schöne vom rachsüchtigen Zeus kam, doch der Liebreiz des Kunstmädchens ließ ihn die Warnung vergessen. Er näherte sich der Pandora, um ein Geschenk entgegenzunehmen. Diese nahm den Deckel ab, und aus dem Gefäß flatterte eine Schar von Übeln, die sich sogleich über die Erde verbreitete. Seither müssen die Menschen, die zuvor ein sorgloses Leben geführt hatten, für ihr Auskommen schuften und unter Krankheiten leiden. Das Böse wurde so zum Geschenk der schuldunfähigen Pandora.

Eine höchst zweifelhafte Moral erscheint hinter dieser Story: Ein göttlicher Bursche erliegt der Versuchung durch eine Jungfrauenkopie, und die armen Menschen müssen dafür büßen! Ist diese mythische Erzählung mehr als nur ein unterhaltsamer Hofbericht für die Klatschpresse? Steckt ein tieferer Sinn in ihr? Wer ist nun gut und wer böse in solchen Geschichten? Das bleibt offen, denn die Götter lebten in einer moralfreien Welt. Sie straften zwar den Betrug des Prometheus, selbst schreckten sie vor keiner List und Täuschung zurück, man denke nur an die schöne Leda, die sich von dem als Schwan verkleideten Zeus schwängern ließ. Solche Götter waren keine Vorbilder, welcher Mann schafft es schon, als Schwan ein unbekleidetes Mädchen zu verführen?

Für die Künstler war dies natürlich ein willkommenes Sujet. Götter machen im Großen vor, wie es weiter unten zuginge, wenn man solche Kräfte hätte wie die göttlichen Helden. Sie verlangen zwar Anbetung und Opfer, sorgen aber nur für ihr eigenes Wohl beziehungsweise für exquisite Sexabenteuer. Doch wo ist die Wurzel des Bösen bei

33

solchen mythischen Berichten? Hier steht Betrug gegen Betrug, und Pandora selbst war naiv. Sie konnte nicht wissen, was sie in der Büchse mit sich führte.

Die Mythenerzähler scheinen resigniert auf die Welt geblickt zu haben. Sie lehrten keine Moral, sondern schilderten die Unmoral. Das Böse als solches ließen sie unerwähnt. Sie dachten, die Zuhörer sollten sich selbst einen Reim auf solche Geschichten machen. Die göttlichen Helden glichen heutigen Popstars, die sich von einem Massenpublikum anhimmeln lassen, weil sie es sich leisten können, mit schnell auswechselbaren Schönheiten vor den Kameras zu stehen. Insoweit sind die antiken Sagen durchaus aktuell geblieben, wenn auch zugegeben werden muss, dass die Abenteuer der modernen Popikonen im Vergleich zu denen der antiken Götterhelden recht kümmerlich erscheinen. Doch wo bleibt die Moral? Sie wurde erst in der Zeit der griechischen Klassik im 5. vorchristlichen Jahrhundert Mode, als Dichter wie Sophokles und Euripides die alten Sagen in ihren Tragödien veredelten und Kunst und Architektur ihre Blütezeit hatten. In seinem Dialog Theaitetos lässt Platon den Sokrates sagen: »Das Böse kann nicht ausgerottet werden, es muss ja immer einen Gegensatz zum Guten geben.«

War die Schlange Gottes Geschöpf oder sein Feind?

Die nahe Verwandtschaft, die alle Menschen trotz großer Unterschiede miteinander verbindet, und die nach heutiger Erkenntnis genetisch nachgewiesen ist, lässt auf gemeinsame Vorfahren schließen. Nach der Lehre der altis-

34

raelischen Weisen schuf Gott die »Familie Mensch« im Paradies. Die biblische Schilderung begnügte sich nicht mit der materiellen Schöpfung, sondern sie fügte auch gleich die seelische hinzu. Diese Art einer frühen »Psychologie« wurde natürlich nicht in abstrakten Lehren vermittelt, sondern durch mitfühlbare Geschehnisse. Der wichtigste Mythos, zumindest für die europäische Geistesgeschichte, steht in der Bibel gleich zu Anfang. Vorauszuschicken ist, dass die Priester und Propheten, die im Alten Testament zu Wort kommen, zwischen Theologie und Philosophie nicht unterscheiden. Sie gehen von der Voraussetzung aus: Alle Weisheit kommt von Gott, nicht von ihrem eigenen Intellekt.

Die angesichts ihrer vielfältigen Bedeutung kurze Geschichte zeigt als zentrale Aktion Evas Griff nach der verbotenen Frucht, weil ihr die Schlange göttliche Weisheit und insbesondere das Wissen um Gut und Böse versprochen hatte. Diese Szene wurde seit Urzeiten in der christlichen Kunst tausendfach dargestellt, ermöglichte doch das Thema, den strengen Kunstzensoren ein Schnippchen zu schlagen und den Menschen nackt zu zeigen, meist sogar mit Nabel, wenn auch ungeklärt ist, wer am anderen Ende der Nabelschnur gewesen sein soll. Dies zeigt, dass es den Schreibern bei der Darstellung eines Mythos nicht auf die Biologie angekommen ist, sie wollten die ethische Bedeutung dieser Geschichte zeigen. Übrigens reden wir wie selbstverständlich von einem Apfel, doch davon steht in der Bibel nichts, es ist da nur die Rede vom »Baum der Erkenntnis«, von dem man nicht essen sollte. Die Erkenntnis als Frucht aus der Natur ist ein erhabenes, zukunftsweisendes Gedankenbild.

Die mit weitem Abstand eindrucksvollste, ja aufregendste künstlerische Darstellung dieser Geschichte ist eine Radierung von Rembrandt aus dem Jahr 1638.

Die Radierung zeigt, wie Adam, mit erhobenem rechtem Zeigefinger und entsetztem Blick, Eva wegen ihrer verbo-

tenen Tat zurechtweist. Wenn er etwas früher hinzugekommen wäre, hätte er sicher gesagt: »Eva, lass den Apfel hängen!« Doch jetzt, nachdem Eva die Frucht in der Hand hält, ist es natürlich zu spät. Mit der Linken greift Adam nach dem Apfel, man erkennt jedoch nicht, ob er ihn wegstoßen oder an sich nehmen will. Schließlich genoss er ihn ja auch. Eva blickt verängstigt und eingeschüchtert auf Adams zu spät warnende Hand. Ihr eben erst erwachtes Gewissen regt beide auf. Am Baum klettert keine Schlange, sondern ein geflügelter Drache. Adam scheint zu fühlen: Wir haben gegen ein Gesetz verstoßen, das wird böse enden. Deutlicher ist die Angst und das schlechte Gewissen der beiden nie dargestellt worden.

Diese Geschichte wird übrigens in dem rund eineinhalb Jahrtausende später entstandenen Koran erwähnt: »O Adam, weile du und dein Weib in dem Garten und esset, wo immer ihr wollt, nur nähert euch nicht diesem Baum, sonst seid ihr Ungerechte« (Sure 7,20). Die eigenwillige und mutige Eva wird nicht namentlich erwähnt. Das ist im Koran natürlich kein Zufall.

Im biblischen »Bericht« gibt es Widersprüchliches, das uns immer wieder herausfordert. Mit Logik kommt man da nicht weiter, denn Gott ist über die menschliche Vernunft erhaben. Da schafft er sich eine Welt, die zumindest er angeblich selbst für gut gelungen hält. Bei den, wie es heißt, nach seinem eigenen Vorbild geschaffenen Menschen, die er zunächst als sein Meisterwerk ansah, stellt sich schnell heraus, dass sie eventuell einen geistigen Konstruktionsfehler haben müssen, doch Gott ruft die beiden nicht in die Werkstatt zurück, er lässt sie in die Falle treten. Kaum ist nämlich das erste Menschenpaar im Paradies ausgesetzt worden, erproben die beiden schon den

37

Ungehorsam. Dieser Mythos führt die ganze Welt, soweit sie sich auf die Bibel beruft, in ein unlösbares Denkdilemma. Es gibt mindestens vier unterschiedliche Möglichkeiten der Deutung.

• Die Eva verführende Schlange war, wie es heißt, Gottes Geschöpf, sein listigstes. Also war das mit der verbotenen Frucht und dem Sündenfall der Menschen eine vom »allmächtigen« Schöpfer selbst inszenierte Falle, um den Menschen in einer außerhalb des Paradieses wilden und unfreundlichen Welt überhaupt erst überlebensfähig zu machen, denn wer das Böse nicht kennt, wird leicht sein Opfer.

• Die Schlange war, entgegen dem biblischen Wortlaut, nicht Gottes Geschöpf, sondern sein ewiger Widersacher. Sie verkörperte das Böse, den Teufel. Der Herr ist also trotz seiner Stärke nicht allmächtig. Für einen noch aus vorbiblischer Zeit stammenden mythischen Widersacher Gottes gibt es sogar Belege, die (versehentlich?) in die Bibel gelangt sind. Danach musste Gott vor und während der Schöpfung zunächst gegen Schlangen und Seeungeheuer (Leviathan, Rahab) kämpfen. Sie waren auf Erden nie endgültig zu besiegen (Jesaja 51; Psalm 74; Offenbarung 12).

• Gott hat den Menschen in die Freiheit und Eigenverantwortung entlassen und damit auf seine uneingeschränkte Allmacht verzichtet. Daraus folgt für das böse Handeln der Menschen: Es entspringt ihrer eigenen Schuld und niemand kann Gott insoweit für das Böse, das durch Menschen geschieht, verantwortlich machen. Greift Gott nur ein, wenn seine Geschöpfe es gar zu toll treiben?

• Für den Mystiker, der Gott in sich selbst erkennt, ist die Frage, ob der Herr allmächtig ist oder nicht, gegenstandslos. Gott hat keine Eigenschaften, über die sich in menschlicher Sprache reden ließe. Mit Logik kommt man ihm schon gar nicht bei.

Interessant in diesem Zusammenhang ist das Entstehen einer religiösen Gemeinschaft, deren Gründer der Perser Mani war, der von 216 bis 277 n. Chr. gelebt hat. Nach seiner Lehre besteht die Weltgeschichte aus dem Kampf Gottes als Herrscher des Lichts gegen die Mächte aus der Finsternis. Diese Religion hat trotz einst zahlreicher Anhänger, zu denen selbst der damals noch alles andere als heilige Augustinus vor seiner Bekehrung zeitweise gehörte, nicht überlebt. Die Unvollkommenheit der Schöpfermacht und die Freiheit des Menschen, böse zu handeln, zeigen sich schon in der Familie Adam, als Kain seinen Bruder Abel erschlägt. Tödliche Bruderzwiste in der Familie Mensch prägen die Geschichte bis heute.

Die uralte Frage, die uns bis in die Gegenwart umtreibt, entsteht schon gleich nach der Schöpfung: Warum lässt Gott das Böse zu? Der aus Mönchengladbach stammende, später in Amerika lebende jüdische Philosoph Hans Jonas (1903–1993) versucht in seinem berühmt gewordenen Tübinger Vortrag »Der Gottesbegriff nach Auschwitz« wie schon viele Denker vor ihm, dieses Problem aufzulösen. Eine Lehre von zwei gegensätzlichen, sich bekämpfenden Gottheiten wie im Manichäismus lehnt er ab. Übrig bleibt für ihn angesichts des unbegreiflichen Verbrechens, das an den europäischen Juden verübt wurde, ein Gott, der nicht allmächtig ist, sondern leidend zusehen musste, was hier geschah. Er deutet dies mit der göttlichen »Machtentsagung«, mit der er den Menschen von Anfang an die Freiheit übertragen hat, gegen seine Gebote zu verstoßen. Zu bemerken ist hier, dass die menschliche Grausamkeit, die immer wieder an Gott zweifeln lässt, keine Erfindung des 20. Jahrhunderts ist. Schon die Raubzüge des jungen David im Philisterland müssen grausam gewesen sein. Biblisch gerühmt wurde die große Zahl der Philister (das Wort ist mit Palästinenser verwandt), die er und seine Gesellen ruhmreich umgebracht hatten.

Die mystische »Lösung« besteht darin, ein Allmachtproblem überhaupt nicht anzuerkennen. Die Frage, wie Gott es mit seiner Allmacht hält, geht von der Voraussetzung aus, ihn zu kennen und gewissermaßen geistig abzubilden. Das wusste schon der große Mystiker Meister Eckhart von Hochheim (1260–1328). Er meinte, da wir über Gott nichts wissen, kann die Aussage, er sei allmächtig oder nicht, nur unsinnig und inhaltslos sein. Das erschien der Amtskirche als ketzerisch. Papst Johannes XXII. erließ 1329 eine Bulle, in der er wichtige Kernsätze von Eckharts Lehre verdammte. Eckhart wurde schon zuvor nach dem damaligen Papstsitz in Avignon bestellt, und musste die beschwerliche Reise von Köln aus unternehmen. Vermutlich ist er, falls er überhaupt dort angekommen ist, in Avignon während des Häresieprozesses verstorben. In einer Predigt hatte er gesagt: »Das Schönste, was der Mensch über Gott auszusagen vermag, besteht darin, dass er aus der Weisheit des inneren Reichtums schweigen könne. [...] Auch erkennen sollst du nichts von Gott, denn Gott ist über allem Erkennen.« Wer Gott in sich spürt, so lehren die Mystiker, vereinige seinen Willen mit Gottes Willen, sodass er alles, was geschehe, für gut halte, und sei es Tod und Verderben. Das Böse gebe es nicht, nur den zweifelnden Menschen erscheine es so.

Fazit:

1. *Naturgeschichte und Mythen hinterlassen eine in Grundfragen gemeinsame Lehre. Der Mensch ist aus der paradiesischen Schuldlosigkeit, in der er gemeinsam mit den Tieren lebte, aufgestiegen und ist zu etwas Neuem geworden. Damit beginnt eine andere, nämlich ethische, kulturell geprägte Ebene, anhand deren er sein Verhalten messen lassen muss.*

2. *Die Erkenntnis, dass genetische Erbstücke aus dem Bestand der tierischen Ahnengalerie zum festen Besitz der Menschheit gehören, kann nicht als Rechtfertigung für menschliches Verhalten dienen.*

3. *Der biblische Schöpfungsmythos von Adam und Eva hat eine weit über die erzählte Geschichte hinausgehende Bedeutung:*

- *Alle Menschen haben gemeinsame Vorfahren und bilden daher zusammen eine große Familie.*

- *Erst der Mensch erkennt seine Sonderstellung gegenüber der Natur und dem Schöpfer, dadurch verliert er die schuldunfähige Naivität der Tierwelt.*

- *Er ist fähig, frei zu entscheiden, auch wenn er damit Gebote missachtet.*

- *Der Mensch hat ein Gewissen.*

- *Er kann nicht nur über Gut und Böse urteilen, sondern auch gut oder böse handeln.*

- *Die Erkenntnis der Nacktheit ist ein Ausgangspunkt der Zivilisation.*

41

Zweite Strategie
Schicksale erkennen

Wer könnte alle Sorten von Verbrechen und Spitzbüberei-en hier aufzählen, die es immer geben wird? Auch die Li-teratur ist voller Teufelsgestalten bis in die Gegenwart. Die täglich bis zum Abwinken über alle Fernsehkanäle aus-gestreuten Routinekrimis als schmackhaftes Massenpro-dukt beweisen immerhin, dass man sich am Bösen ergöt-zen kann, soweit es einen nicht selbst betrifft. Bekanntlich sorgen Fernsehkrimis für höhere Einschaltquoten als Fern-sehandachten.

Es ist bequemer, über einen schließlich geschnappten Verbrecher nachzudenken als über sich selbst. Die Gitter-stäbe, hinter denen Gangster landen, sind sichtbarer als das seelische Gitter, hinter dem wir Menschen bisweilen gefangen sind. Was wären Weltliteratur und Weltge-schichte ohne die bösen Persönlichkeiten? Das alles wäre zumindest langweiliger. Der Verräter, der Intrigant, der Mörder, der Betrüger, sie alle natürlich auch in weiblicher Ausfertigung, sorgen für Unterhaltung, Spannung, Entset-zen und moralische Erhebung. Zwar gab und gibt es auch »Vorbilder« in der Wirklichkeit und in dem, was als Wirk-lichkeit verkauft wird, in großer Zahl. Doch selbst man-che Heilige wären als öde Existenzen unbekannt geblie-ben, wenn sie ihre bösen Gegner nicht gehabt hätten.

Wenn man es genau betrachtet, sind die Figuren der negativen Helden meist interessanter geschildert als die strapazierfähigen Gutmenschen. Doch gibt es den Menschen überhaupt, der aus freiem Entschluss und nicht aus unbeherrschbarem Drang böse ist und sein will, also die nach Kant das »radikal Böse« verkörpernde Persönlichkeit? Meist handelt es sich bei böse Handelnden nur um windschiefe Gestalten, die von sich selbst nicht sagen können, warum sie es tun. Statt einer auf dieses Thema bezogenen Kulturgeschichte, die das Thema dieses Buchs sprengen würde, beschränken wir uns im Folgenden auf verschiedene Typen menschlicher »Abenteuer«, die sich im Umgang mit dem Bösen erleben lassen:

- eine dichterisch-philosophische Fantasiegestalt (Goethes Mephisto);
- mit dichterischer Freiheit nachgezeichnete wirkliche Persönlichkeiten (Klaus Manns Mephisto, General Harras bei Carl Zuckmayer);
- einen Menschen, der wirklich gelebt hat und über den eine Philosophin berichtet (Hannah Arendts Bericht über Adolf Eichmann);
- ein Dichter und Denker, der meinte, mit dem Bösen ließe sich die Welt erneuern (Friedrich Nietzsche);
- das anonyme Böse, das in menschliche Systeme eindringt;
- die Suche nach der strafenden Instanz.

Faust und sein Versucher

Der erste Typ: Bei Goethe ist der Versucher Mephisto ein genialer, schließlich von Gott höchstpersönlich auf die Erde geschickter Zyniker, der gegenüber Faust seine Tücken als Wahrheiten verkündet, hinter denen sich manchmal Goethe selbst versteckt. Mephisto bekennt, er sei:

»Ein Teil von jener Kraft,
Die stets das Böse will
Und stets das Gute schafft.«

Wird, so gesehen, für Mephisto das Gute, das er schafft, ohne es zu wollen, gewissermaßen zum Kollateralschaden? Hier irrt Mephisto bzw. Goethe. Wenn der Teufel es mit seinem Willen nicht schafft, das Böse auch zu verwirklichen, dann ist er ein ärmlicher Geselle, allenfalls ein »advocatus diaboli«, der das Böse nur vertritt, um die guten Gegenargumente hervorzulocken.

Mephisto spricht die Doppelwertigkeit des Bösen an:

»Ich bin ein Teil des Teils der anfangs war,
Ein Teil der Finsternis, die sich das Licht gebar.«

Schön wäre es auf der Welt, wenn alles Böse, Finstere schließlich sich ins Gute, Lichte wandeln würde, doch leider gelingt dies nicht immer. Bei der ansonsten schlauen Taktik des Teufels ist anzunehmen, dass er Böses will und Böses schafft. Andersherum ist er viel gefährlicher, dann nämlich, wenn der böse Geist sich in »guten« Menschen einnistet und dort ein von den Menschen unerkanntes Schmarotzerdasein führt. Dann lautete der Vers, im Gegensatz zu Goethe, umgekehrt so:

»Ein Teil der Kraft,
Die stets das Gute will
Und stets das Böse schafft.«

So gesehen landen wir auch bei den »Gotteskriegern« aller Zeiten, die für ihren einzig richtigen Glauben die Andersdenkenden und Andersglaubenden verachten und/oder totschlagen. Oder bei Patriarchen, die ein gutbürgerliches Leben führen, aber nichts dabei finden, Landminen herzustellen oder durch gut gemeinte, aber waghalsige Spekulationen ihr Unternehmen so zu ruinieren, dass sie schweren Herzens ein paar Tausend Mitarbeiter entlassen müssen.

Dass sich Mephisto offen zum Bösen bekennt, macht ihn durchschaubar und angreifbar, denn wer wie Faust von vornherein weiß, was er von diesem Scheinmenschen zu erwarten hat, und sich dennoch auf ihn einlässt, nimmt die volle Verantwortung für den Teufelspakt auf sich. Wirksamer ist da zumindest das Mephistowort:

»Den Teufel spürt das Völkchen nie,
Und wenn er sie beim Kragen hätte.«

Faust spürte, wer ihn da am Kragen hatte, insofern war sein Verhältnis zu Mephisto eine Ausnahme. Denn normalerweise erkennen die Menschen ihre Abhängigkeit von bösen Zwängen erst dann, wenn sie ihnen verfallen sind.

Teuflische Helden

Der zweite Typ erscheint in Bühnengestalten, die einem wirklichen »Vorbild« mit dichterischer Freiheit nachgezeichnet werden. Der Schriftsteller Klaus Mann (1906–1949), ein Sohn Thomas Manns, stellte 1936 in seinem später berühmt gewordenen Roman »Mephisto« den Schauspieler Hendrik Höfgen dar, hinter dem der preußische Theatergott Gustaf Gründgens leicht zu erkennen war. Dieser wird als anpassungsfähiger Karrierist gezeichnet, der sich im Interesse seiner Geltung dem von ihm insgeheim verachteten damaligen (preußischen) Ministerpräsidenten (Hermann Göring) äußerlich unterordnet. Tatsächlich wurde Gründgens im Dritten Reich Staatsrat und Generalintendant des Preußischen Staatstheaters, obwohl seine damals noch offiziell verabscheute Homosexualität zumindest Göring bekannt gewesen sein musste. Der Roman von Klaus Mann wurde selbstverständlich von den Nazis verboten und sein Autor wanderte, wie die übrige Familie Mann, in die USA aus.

Das Schicksal ist ungerecht. Nach Kriegsende und einer relativ kurzen Unterbrechung setzte Gründgens seine im Dritten Reich bejubelte Schauspielerkarriere erfolgreich fort. Seine Paraderolle auf dem Theater war, wie könnte es anders sein, natürlich der Mephisto in Goethes »Faust«. Es gab keinen Zweiten, der wie er das Zynisch-Hintergründige an Mephisto so eindringlich verkörpern konnte. Die Hörspielfassung des Faustdramas mit ihm ist nach wie vor ein Klassiker. Klaus Mann hingegen war es nicht vergönnt, den späteren Erfolg seines Romans, der erst 1980, vierundzwanzig Jahre nach seinem Tod, in Westdeutschland erscheinen konnte, noch zu erleben.

Ein ganz anderer Mephistotyp war General Harras in dem großartigen Stück »Des Teufels General« von Carl Zuckmayer. Auch Harras hatte ein »Vorbild«. Es war Ernst Udet (1896–1941), der im Ersten Weltkrieg schon zweiundsechzig gegnerische Flieger abgeschossen hatte und in Hermann Görings Luftwaffe zu höchsten Ehren und Funktionen aufgestiegen war. Wie dieser durchschaute auch Harras, der Theaterheld, als »des Teufels General« Hitlers verbrecherische Politik, kämpfte aber dennoch in militärisch hohem Rang, den er aufgrund seiner Fähigkeiten erhalten hatte, für den »Endsieg«, und dies, obwohl er spätestens 1941 wusste, dass dieser Krieg niemals zu gewinnen sein werde. Als es ihm nicht mehr gelang, Hitlers Krieg zu dienen und gleichzeitig Mensch zu bleiben, scheiterte er an dieser Zerrissenheit. Er flog in den Tod. (Udet, das Vorbild für dieses Stück, gab sich eine Kugel.)

Udet und Harras spürten, dass sie einen Pakt mit dem Teufel eingegangen waren, doch sie konnten sich nur durch ihren eigenen Tod aus den Verstrickungen befreien. In diesem Zwiespalt lebten damals viele, die sich aufgrund ihrer Stellung gezwungen sahen, das verbrecherische System durch ihre Arbeit zu unterstützen, obwohl sie es innerlich ablehnten. Sie waren durch Ansehen, Macht und Wohlstand korrumpiert. Andererseits war ihnen zumeist klar, dass ihr Verzicht auf den hohen Rang oder ihr Tod nichts gegen das System bewirken würden und dass statt ihrer nur schwächere, linientreue Charaktere ihre Funktion übernehmen würden. Sie dienten dem Teufel, um Schlimmeres zu verhüten. So rechtfertigten sich viele allerdings erst nach dem Krieg.

Während Faust ein Objekt in der Hand Mephistos war, vollzog der Mann'sche Pseudo-Gründgens Hendrik Höfgen diese Rolle an sich selbst. Als begnadeter Schauspieler konnte er eine eitle, teuflische Rolle spielen, ohne dabei erkennen zu lassen, wie er selbst dachte. Aus Gründgens, dem einstigen Günstling Görings, wurde nach dem Krieg natürlich ein Mensch, der seinen Gönner schon immer verachtet hatte. So einfach ist das für einen Schauspieler, der

47

nicht nur auf der Bühne und im Film eine Rolle spielt, sondern auch im Leben mit seinen Mitmenschen.

Der banale Böse

Der dritte Typ des »Bösmenschen« verrichtete seine Taten »nur« als Werkzeug des Bösen. Für diese Rolle genügt schon ein karrieresüchtiger Spießertyp wie Adolf Eichmann. Gemessen an Faust und Gründgens, hatte dieser Kleingeist eigentlich nichts Teuflisches an sich und dennoch wurde er zum Mordgesellen und zum Mitschuldigen am Tod vieler Hunderttausender, wenn nicht von Millionen von Menschen. Zum Mephisto reichte seine Intelligenz bei Weitem nicht, er war nur ein Subalternteufel. Die jüdische Philosophin Hannah Arendt schreibt über den Eichmann-Prozess 1961 in ihrem Buch »Eichmann in Jerusalem – Ein Bericht von der Banalität des Bösen«. Unter anderen Voraussetzungen wäre Eichmann vielleicht ein mittelbegabter Sachbearbeiter in der Verwaltung oder in einem Großbetrieb gewesen, ein Mensch, der keine eigenen bösen Gedanken hegt, solange sie ihm nicht befohlen werden, einer, der alle Anweisungen ungefiltert übernimmt.

Menschen von seinem Zuschnitt gibt es auch heute noch zur Genüge, nur haben sie das Glück, keinen Hitler über sich zu haben, sondern im Gegensatz zu ihm vielleicht nur relativ harmlose Finanzmanager, die nicht das Leben, sondern nur das Vermögen ihrer Opfer und das Selbstbewusstsein ihrer Untergebenen ruinieren. Statt dem Strang wie Eichmann kassieren sie beim Karriereende eine Abfindung.

Eichmann war kein Sadist und von Haus aus vielleicht

48

auch zunächst kein Judenhasser, er hatte zuvor sogar jüdische Bekannte. Als er in der Ukraine mit ansehen musste, wie auf Juden geschossen wurde, war er angeblich entsetzt. Er berichtete im Prozess über eine Begegnung, die er damals mit einem SS-Führer hatte. Zu ihm will Eichmann gesagt haben: »Das ist ja entsetzlich, was da gemacht wird, sag ich, da werden ja die jungen Leute zu Sadisten erzogen […] wie kann man das denn? Einfach da hier hineinknallen – auf eine Frau und Kinder? Wie ist denn das möglich, sag ich.« Möglicherweise hat er damit sogar etwa die Wahrheit ausgesagt. Trotzdem organisierte Eichmann gefühlskalt mit Sorgfalt und Gründlichkeit die Transporte von Juden in die Vernichtungslager, er musste ja nicht dabei sein und den gequälten Menschen ins Gesicht schauen, wenn sie, an Leib und Seele gemartert, in die Gaskammern getrieben wurden.

Das Eigenartige und geradezu Entwaffnende dabei war: Eichmann berief sich auf die Kant'schen Moralvorschriften. Und die sind in der Tat in mancher Hinsicht verheerend, zumindest missverständlich. In seinen Reflexionen zur Moralphilosophie schrieb Kant:

»Wenn ich meine Schuldigkeit tue, gehen mich gute oder böse Folgen nichts an.«

Mit einem solchen Satz im geistigen Marschgepäck kann man selbst vom Schreibtisch aus die ganze Welt ruinieren, man braucht nur den Befehl dazu und die Bereitschaft, seine »Schuldigkeit« zu verrichten. Zu Kants Entlastung muss angemerkt werden, dass sein Pflichtbegriff und damit auch die menschliche »Schuldigkeit« sich auch darauf bezogen, »das moralische Gesetz« zu erfüllen und nicht spe-

49

ziell nur auf die Pflicht zum Gehorsam gegenüber einem als böse erkennbaren Staatsoberhaupt. Dennoch kann die Losgelöstheit der Pflichterfüllung von den »bösen Folgen« nicht akzeptiert werden. Wie einem Menschen eine verbrecherische »Pflicht« auferlegt werden konnte, hatte Kant in diesem Zusammenhang leider nicht erwogen. Er hatte sich mit der Meinung des gleichzeitig in Jena lehrenden »Herrn Professor Schiller« auseinandergesetzt. Friedrich Schiller kannte im Gegensatz zu Kant keine Pflicht gegenüber autoritären Vorgesetzten und Staatsoberhäuptern. Für ihn lag die Freiheit in der Rebellion gegenüber Unterdrückern, zum Beispiel vom Schlage des Reichsvogts Geßler in seinem Drama »Wilhelm Tell«. Eichmann hätte Schiller, nicht Kant lesen sollen; aus gutem Grund ließ Hitler ab 1941 Aufführungen des »Wilhelm Tell« verbieten.

Den schlimmsten »kategorischen Imperativ« zitierte Hannah Arendt, nämlich den des damaligen Generalgouverneurs in den besetzten Gebieten Polens Hans Frank, der so lautete:

»Handle so, dass der Führer, wenn er von deinem Handeln Kenntnis hätte, dieses Handeln billigen würde.«

(Das Buch »Technik des Staates« von Hans Frank war 1942 erschienen.) In der Tat, ob nun Eichmann gerade diesen Satz vom »Führer« als Gottersatz und Über-Ich gelesen hat, ist unerheblich, denn er gibt das wieder, was alle Subalterndenker Deutschlands, und das waren vermutlich Millionen, anerkannten. Man muss nur den Teufel zum Chef haben und schon funktioniert das ganze System. Eichmann vollzog Befehle und diese dienten ihm als Gewissensersatz.

50

Dieses Prinzip ist nicht neu und gilt auch heute noch bei Tausenden, die dienstbeflissen alle von »oben« kommenden Anordnungen vollziehen, und seien sie noch so unsinnig, wenn auch nicht verbrecherisch. So gesehen war Eichmann ein ganz »normaler« kleiner Karrierist. Die Richter suchten vergeblich nach dem in ihm selbst wurzelnden eigentlich Bösen. Sie wussten, was er getan hatte, das reichte für die Verurteilung zur Todesstrafe. Selbst Hannah Arendt staunte über die »Banalität des Bösen«. Keine Spur von Mephisto war in ihm, dazu war er zu einfach gestrickt, er war nur ein Werkzeug eines übergelagerten Mephisto, dennoch lud er Schuld auf sich. Was steckt dahinter? Die Frage »Wer oder was ist schuld an der Schuld?« soll noch erörtert werden. Mephisto war gebildet, intelligent und schlau, also ganz und gar nicht banal; Eichmann war das Gegenteil, beide vereint das Böse. Der eine will es, der andere tut es.

»Werte zerbrechen«, um die Welt zu erneuern

»Dass die Natur des Menschen böse ist, ist mein Trost: es verbürgt die Kraft.«
Es gibt in der Geschichte der Menschheit vielleicht nur einen einzigen Menschen, der eine solche Ungeheuerlichkeit formulieren konnte. Es war der geniale Außenseiter, ein Mensch jenseits aller Denksysteme: der einst fromme Pfarrersohn Friedrich Nietzsche (1844–1900). Er wollte die Welt auf höchst ungewöhnliche Weise erneuern. Er machte sich selbst zu einer Art Mephisto, obwohl er eigentlich keiner war. Eher war er selbst ein schillernder Schwächling, allerdings einer von überwältigender Geisteskraft. Er

versuchte mithilfe dessen, was als das Böse angesehen wurde, die Welt zu retten. Keiner hat sich wie er in eine Zone gewagt, in der durch seinen Entschluss das Unsagbare sagbar wurde und das Böse zumindest ihm als Mittel erschien, die Welt zu retten. Zugleich tritt ein Paradox zutage: Man kann den sprachgewaltigen Nietzsche rühmen, glauben darf man ihm nur, soweit man ihm seine Krankheit nachsieht. In den letzten hellwachen Jahren vor dem Ausbruch der Paralyse um den Jahreswechsel 1888/89 wurde er in seinen Schriften zunehmend radikaler und aggressiver. In seinem Gedichtzyklus »Dionysos Dithyramben« endet sein Gedicht »Letzter Wille« mit folgenden Worten:

»So sterben,
wie ich ihn einst sterben sah:
siegend, vernichtend.«

Das entspricht auch dem, was er in seiner Selbstdarstellung unter dem Titel »Ecce homo« geschrieben hatte:

»Ich bin meiner Art nach kriegerisch. Angreifen gehört zu meinen Instinkten. Feind sein können, Feind sein – das setzt vielleicht eine starke Natur voraus, jedenfalls ist es bedingt in jeder starken Natur. Sie braucht Widerstände, folglich sucht sie Widerstand: das aggressive Pathos gehört notwendig zur Stärke.«

In dieser Schrift beruft sich Nietzsche auf sein bekanntestes Werk, »Also sprach Zarathustra«, und zitiert:

52

»… und wer ein Schöpfer sein will im Guten und Bösen, der muss ein Vernichter erst sein und Werte zerbrechen. Also gehört das höchste Böse zur höchsten Güte: Diese aber ist die schöpferische.«

In seinem Werk »Der Antichrist« geht Nietzsche noch einen Schritt weiter:

»Was ist gut? – Alles was das Gefühl der Macht, den Willen zur Macht, die Macht selbst im Menschen erhöht. […] Man verliert Kraft, wenn man mitleidet.«

Darf man in Nietzsche eine Art Mephistogestalt sehen? Das wird ihm nicht gerecht, denn im Leben selbst war er alles andere als dies. Als die zeitweise von ihm verehrte intellektuelle Lou Salomé seinen Heiratsantrag zurückwies, war er zu Tode beleidigt und reagierte hämisch und boshaft. Das ist nicht gerade ein Zeichen von Stärke und Überlegenheit. Alle Versuche, Nietzsche in irgendeine Kategorie von Mensch einzuordnen, sind zum Scheitern verurteilt, er war ein Jahrhundertgenie, selbst wenn man manches von dem, was er geschrieben hatte, nicht allzu ernst und wörtlich nehmen sollte. War er ein böser Mensch? Nietzsche hätte sich in dieser Rolle gefallen, doch sicher ist nur, dass er krank war. In Wirklichkeit war Nietzsche ein Mensch, der zeitlebens über seine religiöse Erziehung nicht hinweggekommen ist. Auch wenn er krampfhaft versuchte, als böser Denker zu erscheinen, tat er auch dies mit geradezu religiöser Inbrunst, wenn er zum Beispiel schrieb: »Ich bin jener prädestinierte Mensch, der die Werte für Jahrtausende bestimmt.« Insgeheim wird er festgestellt haben, es ist gar nicht so leicht ist, ein böser Mensch zu sein, wenn man es nicht von Jugend auf »gelernt« hat. Man erzählte, der grimme Verächter des Mitleids habe damals in Turin wenige Tage vor dem Ausbruch der Paralyse schluchzend ein geschlagenes Pferd umarmt und einem Hund die gequetschte Pfote verbunden. Darüber, inwieweit Nietzsche indirekt das Böse in Hitler unterstützt hat, sollte man immer wieder nachdenken, um sich warnen zu lassen. Der Geist bildet Wurzeln in der Materie, der gute und der böse. Er setzt sich in den Köpfen fest und regt sie zum Handeln an. Nietzsche war ein Sonderfall der Geistesgeschichte, man kann ihn gleichzeitig verehren und ablehnen. Verachten kann man ihn nicht.

An wen verliert der Mensch die Kontrolle über sein Werk?

Am 11. März 2011 und an den folgenden Tagen überschlugen sich die Katastrophen an der japanischen Nordostküste: ein Erdbeben der Stärke 8,9 und ihm folgend ein gewaltiger Tsunami, der in dieser Stärke seit Menschengedenken noch nie vorgekommen war, und dadurch verursacht ein Atomunfall mit Folgen, die zuvor nicht für möglich gehalten wurden.

Diese Katastrophe öffnet uns das Tor zu einer neuen Dimension unseres Verständnisses der Weltgeschichte und, man kann es wohl nicht anders sagen, des Weltverhaltens. Sie fordert unser Denken und Umdenken heraus, denn es geht hier nicht einfach nur um ein technisches und wirtschaftliches Problem, sondern auch um eines, das unser Verständnis geistiger Zusammenhänge und Hintergründe auf eine neue Ebene stellen wird. Dies hat folgenden

Grund: Naturkatastrophen wie Erdbeben, Tsunami (das japanische Wort für den eher harmlosen Begriff »Hafenwelle«), Vulkanausbrüche, Dürren, Hochwasser, Meteoriteneinschläge und manches andere hat es schon immer gegeben. Könnte man die Zeit extrem verkürzen, so erschiene die Erde als Kugel mit zitternder und wabernder Oberfläche, auf der Kontinente hin und her schwimmen und Gebirge auf- und abgebaut werden. Damit lebt unser Planet seit seiner kosmischen Entstehung und natürlich auch die Menschheit.

Wir haben nur die Erde, die uns geschenkt ist, und keine andere. Tiere und Menschen haben überlebt, weil sie in der Evolution gelernt haben, sich in natürliche Gegebenheiten einzufügen. Höheren Mächten untertan zu sein war ihnen eine Selbstverständlichkeit. Doch in der Katastrophe vom März 2011 kommt etwas hinzu, was bislang noch nie so klar und eindeutig zu erkennen war: Es ist die Potenzierung von Naturkatastrophe mit menschlicher Hybris, als Folge eines grenzenlos naiven Glaubens der Menschen an die Beherrschung ihrer Technik, verbunden mit einer »gezielten« Blindheit gegenüber unabschätzbaren Folgen. Das Zusammenwirken dieser beiden »Gewalten« lässt uns erkennen, dass nicht der Kosmos, sondern das menschliche Denken aus dem Ruder laufen kann. Die Natur können wir nicht daran hindern, Natur zu sein, doch der Mensch gerät in Gefangenschaft seiner selbst. Er wird beherrscht von einem Geist, der ihm regelrecht sein Handeln vorzuschreiben scheint. Woher stammt dieser Geist, wer oder was ist es? Diese Frage bringt uns auf eine alte, teilweise vergessene Spur in der Suche nach dem Bösen. Diese Suche beginnt bei Fakten, doch mit denen kann man sich nicht begnügen, sie führt uns weiter zu geistigen Hintergründen, in denen das Böse in scheinbar vielfältiger Weise immer auf uns lauert.

Auch die Technik ist ein Werk der Geistesgeschichte, sie kann ebenfalls auf vielfältige Weise Menschen verführen. Die Atomkatastrophe in Japan 2011 hatte ein Jahr zuvor einen »Vorgänger«, der uns wieder einmal hätte zeigen können, wohin Technik führen kann, wenn sie ihren Machern aus dem Ruder läuft. Am 20. April 2010 explodierte im Golf von Mexiko die Ölplattform »Deepwater Horizon«, die aus einer Tiefe von 1500 Metern Öl aus dem Meer pumpte. Wie sich herausstellte, war die Explosion, neben der Fragwürdigkeit der Unternehmung selbst, die Folge von schwerwiegenden Wartungsmängeln und mangelnder Kontrolle. Um das Unglück auszulösen, brauchte es weder Seebeben noch Sturm, es genügte die menschliche Unzulänglichkeit. Die zeigte sich dann auch darin, dass es erst fast drei Monate später gelang, das Bohrloch zu verschließen. Bis dahin waren Unmengen von Öl in das Meer geströmt. Die Schätzungen über die vergossene Ölmenge gehen weit auseinander, sie reichen von sechs bis vierzehn Millionen Litern *täglich*. Insgesamt könnte bis zu einer Million Tonnen Öl ins Meer geflossen sein. Die Auswirkungen auf Strände, Natur, Meer, Tiere und nicht zuletzt auch auf die am und vom Meer lebenden Menschen sind immens und können nicht in Zahlen ausgedrückt werden, dies gilt auch für die zu befürchtenden Spätfolgen.

Es ist Böses geschehen, doch wer sind die Menschen, die es verursacht haben? Normalerweise gelingt es bei solchen Pannen nie, die eigentlich Verantwortlichen zu ermitteln. Es ist das unkontrollierte und auch unkontrollierbare Zusammenwirken vieler durch hierarchische Strukturen und andere Abhängigkeitsverhältnisse miteinander verbunde-

56

ner Menschen. Sie reicht von geldgierigen Investoren, die ihrerseits auch wieder von Anlegern zur Gewinnmaximierung gedrängt werden, bis hinunter zu Ingenieuren und Arbeitern, die vor Ort von der wachsenden Komplexität industrieller Großanlagen überfordert waren und ihre Pflichten mitunter unzureichend erfüllten. Solche Systeme, als eine Ganzheit betrachtet, zeigen, wie technische Einrichtungen, je größer sie werden, zunehmend den Menschen aus dem Ruder laufen und ein nicht mehr beherrschbares Gefahrenpotenzial für die gesamte Menschheit darstellen. Die Suche nach einzelnen Schuldigen, die es sicherlich zu entdecken gilt, gerät zur Nebensache. Es geht um den dahinter stehenden Geist.

Das rechte Maß zu finden war eine der vier klassischen »Kardinaltugenden«, denn, das wusste man schon im Altertum: Die Menschheit scheitert immer wieder an ihrer eigenen Maßlosigkeit, doch die Auswüchse von einst sind mit den heutigen nicht vergleichbar. Die Versuchung, das Angemessene aus den Augen zu verlieren, hat vielerlei Erscheinungsformen: Es ist die Gier nach Genüssen, nach Geld und Macht sowie das Bestreben, die Technik auch dort fortzuentwickeln, wo ihre Unbeherrschbarkeit absehbar ist. Diese Gier ist die gefährlichste, denn wenn dem Menschen seine eigenen, mit großem Pathos gerühmten Werke nicht mehr gehorchen, dann werden sie dafür sorgen, dass die gesamte Menschheit unter ihnen zu leiden hat. Hier ist nicht nur an die Kernkraft zu denken, sondern auch an technische und finanzielle Systeme, die aus innerer Ursache zu einer immer weiteren Komplizierung neigen, sodass Menschen sie nicht mehr in den Griff bekommen. Wer oder was beherrscht uns dann?

Die »Technik« oder das »System« sind abstrakte Begrif-

57

fe, ohne eigenen Willen. Wer herrscht dann wirklich? Technik ist, wie die griechische Herkunft des Worts verkündet, ein neutraler Begriff für Kunstfertigkeit. Doch hinter allem, was uns beherrscht, muss ein Geist stehen, denn sonst könnten wir in diesem Zusammenhang das Wort »beherrschen« nicht verwenden. Wer unbeherrscht handelt, hat nur seine eigene Beherrschung verloren, er wird dennoch beherrscht. Von wem? Er steht unter der Aufsicht eines anderen, das ihm seinen Willen aufzwingt. Die so handelnde Menschheit wird dann zum Zauberlehrling, der im Gegensatz zu Goethes berühmter Ballade, als der Herr und Meister endlich wieder erscheint, vergeblich ruft:

»Herr, die Not ist groß!
Die ich rief, die Geister
Werd ich nun nicht los.«

Das Schicksal der durch ihre ehrgeizige Maßlosigkeit in Gefangenschaft geratenen menschlichen Herrschaft ist nicht neu. Schon im Alten Testament wird der Mythos vom Turmbau zu Babel erzählt. »Wohlan, lasst uns eine Stadt und einen Turm bauen, des Spitze bis an den Himmel reiche, dass wir uns einen Namen machen« (1. Mose 11, 1 ff.). Doch die göttliche Strafe für diese menschliche Hybris war nicht die Zerstörung des ersten Bauabschnitts, sondern der Abbruch der Bauarbeiten durch die als Strafe entstandene Sprachverwirrung, die die Verständigung verhinderte.

Könnte uns da nicht auch das sich immer weiter vernetzende und überlagernde internationale Finanz- und Spekulationssystem daran gemahnen, dass hier keiner mehr einen Überblick, geschweige denn einen Durchblick gewinnen kann? Es hat sich selbstständig gemacht und ist gegenüber politischen Eingriffen immun geworden.

Eine neue Art der Sprachverwirrung nimmt überhand, es ist nicht nur die unter den Menschen selbst, sondern die zwischen Mensch und technischen Systemen.

Die Suche nach der geistigen Macht

In der Ethik des Alten Testaments waren alle Unglücke als gerechte Strafe Gottes zu verstehen. Dieses Verständnis hat über Jahrhunderte hinweg auch das abendländische Denken beherrscht. Bis dann im Jahr 1755 ein verheerendes Erdbeben die Stadt Lissabon zerstörte. Damals unter der Herrschaft der Aufklärung, dem »Ausgang des Menschen aus seiner selbst verschuldeten Unmündigkeit« (Kant), setzte sich ein Denken durch, das sich von dem Zwang befreite, hinter allen Plagen einen Racheakt Gottes zu vermuten. Der auf die Aufklärung folgende Glaube an die absolute Teilnahmslosigkeit der Natur ist natürlich keine Erfindung des 18. Jahrhunderts. Schon der römische Philosoph und Dichter Lukrez (Lucretius Carus, 96 v. Chr.–55 v. Chr.) behauptete in seinem Lehrgedicht über das Wesen des Weltalls: Es gibt keine Strafen im und aus dem Jenseits, nur Dummköpfe glauben an so etwas. Dieser Glaube bzw. Unglaube an die göttliche Rache beherrscht inzwischen auch das Denken in der liberalen christlichen Theologie: Mit Straf- und Bußpredigten kann man heute keine Gläubigen mehr beeindrucken, zumindest gilt das für die westlichen Industrieländer; in den USA mag das gelegentlich noch anders sein, vom Islam ganz zu schweigen.

Die Ethik des Alten Testaments gab dem Weltgeschehen im Guten wie im Bösen immerhin einen kosmischen Sinn. Der geht uns heute ab, vielleicht sollten wir nach einer heute vermittelbaren Theorie Ausschau halten. Wer die Natur ohne religiösen Hintergrund betrachtet, muss erkennen, dass ihr der Mensch gleichgültig ist, sie reagiert kalt und teilnahmslos. Sie hat den Menschen zwar ermöglicht, doch eines Tages wird sie ihn auch wieder überwunden haben und eine andere Art von Lebewesen wird die Welt beherrschen. Völlig geht diese materialistische Rechnung eben doch nicht auf.

Etwas kann auch heutige Menschen zum Nachdenken anregen: Wenn man statt »Gott« das Wort »Natur« ins Gespräch bringt, dann könnte man aufs Neue über solche Fragen nachdenken, ohne in den Verdacht zu geraten, man sei ein frömmelnder Fundamentalist. Es muss heute nicht mehr unbedingt unkorrekt sein, sich zu überlegen, ob die Natur, die »Mutter Erde«, die griechische Erdgöttin Gaia, wer oder was immer damit gemeint sein soll, nicht zurückschlägt, um sich gegen die menschliche Hybris zu wehren. Anlass zu solchen Überlegungen geben nicht nur die schon erwähnten Katastrophen mit sich überlagernden Ursachen wie in den USA und Japan, sondern auch die menschlich verursachte Verschmutzung von Umwelt und Atmosphäre. Die zunehmende Erderwärmung, die wachsende Gewalt von Stürmen und sonstige extreme Wetterbedingungen würde es nach der herrschenden wissenschaftlichen Meinung ohne menschliche Einwirkung in dieser Häufung nicht geben. Dazu gehört auch die weltweit festzustellende Ausbreitung der Wüsten, die ein Elend gewaltigen Ausmaßes jetzt schon zur Folge hat. Weitere Flüchtlingsströme aus unbewohnbar werdenden Weltregionen stehen schon bereit. Eine Bevölkerungsexplosion, die nicht wie einst durch Seuchen und Hungersnöte im Zaum gehalten wird, könnte zu einem chaotischen Gedränge auf dem kahl gefressenen Globus führen. Überall zwingen uns der Verlust des menschlichen Maßes und die Arroganz der Menschen zu mehr oder weniger wirkungslosen Gegenmaßnahmen. Wir verlieren die Dinge aus dem Griff. Bei diesen Erscheinungen können wir manchmal den Gedanken an einen Gegenschlag aus der verletzten Natur nicht ganz verdrängen.

Das Besondere an einer solchen Deutung ist, dass die Natur keine Rücksicht auf ein Verschulden im Einzelfall nimmt. Die Übel treffen Schuldige, Mitverursacher, Unschuldige und völlig Unbeteiligte. Die Natur schlägt zurück, und je mehr man sie daran hindern will, desto weiter holt sie zum Gegenschlag aus. Sie bezieht die gesamte Menschheit in ihre Gegenreaktionen ein. Die weitere Folge wäre, dass manches Böse in dieser Hinsicht eben doch nicht als zufälliges Naturgeschehen angesehen werden müsste, sondern als eine von der Menschheit zu verantwortende Reaktion. Wer sind die Bösen?

In der Politik schaut man auf die rücksichtslosen Diktatoren, die ihr Volk ausbeuten, unterdrücken und, wenn es aufbegehrt, brutal zusammenschießen. Das Aufbegehren Einzelner und Revolutionen gegen die Diktatur werden von westlichen Beobachtern und Medien mit Sympathie betrachtet. Doch der Widerstand gegen die Diktatur von unbeherrschbar werdenden technischen, wirtschaftlichen und finanziellen Systemen bleibt Organisationen wie Greenpeace oder Attac und ähnlichen überlassen. Diesen Sachverhalt darf man nicht falsch verstehen. Es geht hier nicht um eine Kapitalismuskritik überhaupt, auch nicht um eine Kritik am technischen Fortschritt, sondern um eine Forderung nach der Besinnung auf das menschliche Maß. Es ist das Maß, das dann überschritten wird, wenn der Mensch seine angestammte Herrschaft zu verlieren droht.

Auf den Diktator kann man mit den Fingern zeigen, auf die wechselnden und stets erneuerbaren Verkünder des messbaren Fortschritts ohne Grenzen nicht. Sie verbergen sich hinter Gutachten anonym bleibender Berater und mehrheitlich gefassten Vorstandsbeschlüssen. Auf die Forderung nach Weisheit statt Geld können sie mit dem Hinweis auf ein System antworten, das ihnen die Rücksicht auf geldgierige Investoren, die im Hintergrund lauern, aufgezwungen hat.

Trifft die gesamte Menschheit eine Kollektivschuld, wie einst als Ursache der Sintflut? Wer wagt dies zu behaupten? Die heutige »Eva« begnügt sich nicht mit einem Apfel, sie erntet den ganzen Baum auf einmal leer und verkauft erst die Früchte, dann das in einigen Jahren zu erwartende Holz über die Börse an Adam. In diesem Zusammenhang wäre der Rat an Eva, doch gefälligst den Apfel hängen zu lassen, angebracht.

Es bleibt die Denkmöglichkeit, das Böse könne eine unpersönliche Macht sein, die versucht, die gesamte Menschheit zu bestrafen. Ist es so? Gibt es die alte Seeschlange Leviathan doch noch? Gehen wir einstweilen davon aus, der oder das Böse sei, mit von Hegel inspirierten Worten gesprochen »ein für sich seiender Geist«, so etwas wie der dunkle Teil seines »Weltgeists«, ein Begriff, mit dem Hegel sein Leben lang herumlaboriert hat. Er war damit einer großen Wahrheit auf der Spur. Doch analysiert man solche Thesen, lösen sie sich in Wolken auf, ohne dadurch wertlos zu werden. Hilfreich ist da die Stimme des Geistes, die zu Faust spricht:

»Du gleichst dem Geist, den du begreifst, nicht mir!«

Wir können nur die Ahnung ergreifen, nicht die eigentliche Substanz. Wir ahnen und spüren das Geistige, also auch das Böse in der Welt, wir sehen seine Werke, dürfen es jedoch nicht in eindeutige Worte kleiden, denn sonst zerstören wir die Substanz unserer Ahnungen und Vorstellungen. Das dahintersteckende Rätsel lässt sich auch mit aufgeklärter Vernunft nicht wegdiskutieren. Das wusste im Übrigen schon Laotse. Er spricht vom sinnstiftenden Tao, doch er schränkt gleich ein: »Das aussagbare Tao ist nicht das ewige Tao. Der nennbare Name ist nicht der ewige Name.« (Spruch 1) Der Geist, den wir fassen wollen, entwindet sich unseren Vorstellungen. Viele Menschen kommen mit dem Gedanken an eine kalte und teilnahmslose Welt nicht zurecht, sie spüren, dass ihnen etwas fehlt, ohne zu wissen, wie sie es ersetzen sollen. Sie suchen und erkennen im Weltgeschehen mehr als nur das Zufällige. Um Begriffe aus der griechischen Denkwelt zu verwenden: Sie sehen im »Kosmos« nicht ein wirres, vom Zufall getragenes »Chaos«, sondern eine sinnvolle Ordnung. Ihr liegt der »Logos«, das die Weltvernunft tragende Wort, zugrunde.

Der griechische Denker Heraklit (520–460 v. Chr.) erklärte den Logos nicht nur als ein die Welt beherrschendes Prinzip, sondern zugleich auch als Ausdruck göttlicher Regierung, er soll gesagt haben:

»Es ist der Logos, der das All verwaltet.«

Der Verfasser des Johannesevangeliums übernahm diese Theorie und lehrte sie für das Christentum, indem er sein griechisch verfasstes Evangelium mit dem Logos, der kurz als »das Wort« übersetzt wird, begann:

»Im Anfang war das Wort und das Wort war bei Gott und Gott war das Wort.«

Wer sich mit dieser Auffassung einig fühlt, kann versuchen, sich auch mit dem Bösen als negativer Kraft des Logos auseinanderzusetzen.

Wir werden von einer neuen »selbstverschuldeten Unmündigkeit« beherrscht und stehen vor einer neuen Aufklärung, die mit unserem angestammten Fortschrittsglauben aufräumt, um ihn durch die Besinnung auf am Logos orientierte Maßstäbe zu ersetzen. Die vom Bösen beherrschten Menschen erscheinen auf die unterschiedlichsten Weisen. Es ist nicht nur die Maßlosigkeit ihrer Vorstellungen, die sie durchzusetzen versuchen, sondern auch die Art, wie sie sich selbst darstellen, um ihren Vorteil zu erreichen, und bestehe er nur darin, andere Menschen dereinst in die Hölle der Armut und des psychischen Elends zu entsenden.

Fazit:

Wo der Mensch das ihm Angemessene aus den Augen verliert, geraten seine Werke in Gefahr, nicht nur unbeherrschbar zu werden, sondern auch ihn zu beherrschen und das Böse herbeizuführen.

Wer die Herrschaft über seine Werke verliert, wird von ihnen beherrscht. Da die Werke keinen eigenen Willen haben, muss das Beherrschende im Geistigen gesucht werden.

Wer sich nicht immer wieder die Frage stellt, wer es ist, dem er dient und dem er sich verantwortlich fühlt und welche Ziele dieser eigentlich verfolgt, kann leicht in die Fänge des Bösen geraten.

Wer hinter der Natur eine ordnende Macht vermutet, kann die Geschehnisse der Welt anders verstehen und deuten.

Dritte Strategie
Ziele und Methoden durchschauen

Hier geht es um die Frage, warum wir im Zusammenhang mit einem geistigen Phänomen heute noch vom Teufel sprechen können und welches seine eigentlichen Ziele sind. Wie schleicht sich das Böse in das menschliche Verhalten?

»Das Böse« oder »der Teufel« – wer oder was ist gemeint?

Manche Zeitgenossen meinen immer noch, der Teufel erscheine ihnen gelegentlich höchstpersönlich, doch das, was sie für den Teufel halten, ist eine Mogelpackung.

Ein Beispiel, das die Gerichte beschäftigte, soll hier vorgestellt werden: Eine junge Mutter vertraute ihre zweieinhalbjährige Tochter einer Bekannten für ein paar Stunden zur Beaufsichtigung an. Als das Kind bei der fremden Frau heftig zu weinen begann und sich nicht beruhigen konnte, sah diese, wie der Kopf der Kleinen immer größer wurde und Hörner bekam. Sie erblickte in dem Mädchen einen wirklichen Dämon oder Teufel, gegen den man, wie sie meinte, kämpfen müsse. Dabei zerkratzte sie dem schreienden Kind das Gesicht und schlug zu. Das Kind trug sichtbare Merkmale davon. Um den bösen Dämon zu vertreiben, zog sie das Mädchen aus und versuchte, den bösen Geist mit Knoblauch und Weihwasser zu vertreiben.

Natürlich wurde die Frau angezeigt und wegen Misshandlung von Schutzbefohlenen verurteilt. Das urteilende Landgericht begründete den Schuldvorwurf damit, die Angeklagte sei einer »illusionären Verkennung realer Dinge« zum Opfer gefallen, mit anderen Worten, sie hätte sich das alles nur eingebildet und somit auch die Möglichkeit gehabt, sich selbst auf den Boden der Wirklichkeit zurückzuholen; ihre Schuld bestehe darin, dass sie es offensichtlich nicht versucht habe. Der Teufel erscheine als Einbildung, aber nicht als Wirklichkeit. Das Opfer habe nur ein Trugbild gesehen. Der Verteidiger ging bis vor den Bundesgerichtshof und argumentierte damit, seine Mandantin sei in ihren Visionen so gefangen gewesen, dass sie gar nicht in der Lage war, die Wirklichkeit zu erkennen, sie treffe also keine Schuld. Doch was sagte der Bundesgerichtshof dazu? Wir kommen auf diesen Fall in der vierten Strategie, in dem es um die menschliche Schuld gehen wird, noch einmal zurück.

Wesentlich ist hier die Erkenntnis, wie Teufel und böse Dämonen trotz der über zweihundert Jahre zurückliegenden Aufklärung immer noch in den Köpfen der Menschen herumspuken. Einschlägige Romane und Filme sorgen dafür. Dazu kommen noch Satanskulte unter Halbwüchsigen und solchen, die es geistig geblieben sind. Bilder und Szenen, die den Konsumenten dieser Art von Unterhaltungsindustrie vorgesetzt werden, bewirken immer noch über den Rücken huschende Schauergefühle. In der Weltliteratur bis in die Gegenwart hatte und hat der Teufel schon immer seinen festen Platz, wie die oben angeführten

67

Beispiele zeigen. Und natürlich auch in den Märchen tritt er immer wieder einmal in verschiedenen Gestalten in Erscheinung. Bei den Brüdern Grimm gibt es z. B. das Märchen vom »Teufel mit den drei goldenen Haaren« und »Der Teufel und seine Großmutter«.

Wie hat sich jedoch der Teufel in das 21. Jahrhundert verirrt? Wir brauchen ihn immer noch. Wenn Kinder einen Albtraum zeichnen wollen, dann kommen manche nicht ohne die schwarze Gestalt im Teufelsgewand aus. Sie scheint ein Archetyp zu sein, also ein Bild, das in Träumen kultur- und zeitunabhängig immer wieder aus dem Unbewussten in die Träume dringt und sich nicht an verstandesmäßig vorgegebene Einsichten hält. Denn die seelische Bedrohung lässt sich nur als körperliche bildlich darstellen, entsprechend dem Wesen des Traums, in dem uns manchmal Unbewusstes in Symbolen erscheint. Der Teufel stürzt hier auf einer Lichtspur herab wie einst Luzifer, doch die drohenden Gestalten werden durch einen Lichthof zurückgedrängt. Bietet er Schutz vor dem Bösen? Das Bild ist im Kunstunterricht in der Schule entstanden. Das Thema »Albtraum« war gestellt, Vorgaben wurden nicht gemacht.

Der Begriff »das Böse«, wie er im Allgemeinen gebraucht wird, ist doppeldeutig, man muss zwischen verschiedenen Bedeutungen unterscheiden:

• Das Böse ist das, was geschieht, der Mord, die Katastrophe, der Betrug, es ist ein abstrakter Sammelbegriff für das Übel, das sich auf vielfältige Weise immer wieder täglich auf der ganzen Welt ereignet.

• Das Böse kann man aber auch als die Ursache verstehen, die Menschen dazu treibt, Böses zu verrichten. Es ist der

Verkleinerte Tuschzeichnung von Ferdinand Lauxmann, zwölf-jähriger Enkel des Autors, 2009

Hintergrund, der psychisch auf den Täter einwirkt, der ihn verführt oder zum Objekt eines fremden Willens machen kann.

Kurz gesagt: Das Böse ist die Tat, der Teufel der (gewissermaßen mittelbare) Täter, der »Hintermann«, letztlich als »Hintergeist«. Diese Unterscheidung haben Menschen schon immer gesehen und dafür auch eigene Begriffe gebraucht: das Übel und den Teufel als geistiges Phänomen. Da eine böse Urkraft aus dem Hintergrund weiterhin sich über die Menschheit hermacht, können wir als gründlich aufgeklärte Menschen durchaus wieder das alte, in vielerlei Facetten schillernde Wort Teufel verwenden, wenn wir den Geist erforschen, den wir zumeist nicht spüren, auch wenn er uns, wie Mephisto verkündet, am Kragen hat. Unser Umgang mit der Welt ist mitunter stärker von menschheitsalten Vorstellungen geprägt, als wir uns bewusst sind.

Ab einer gewissen Kompliziertheit der Vorgänge, die uns verwirren oder auseinandertreiben, ist es leichter, sich Bilder vorzustellen als das Geflecht, das sie erklären könnte. Das ist zum Beispiel der Grund, warum Goethe das Böse, wie er es sah, nicht in einer philosophischen Abhandlung schilderte, sondern als Mephisto auf die Bühne stellte, und damit einen neuen Mythos schuf, denn dies war Goethes Weisheit:. »Leben wird am besten durchs Lebendige belehrt« (»Wilhelm Meisters Wanderjahre«).

Immer wieder erleben wir, wie leicht man in die Zwänge eines Bösen gerät, der man nicht selbst ist. Und dieses uns Beherrschende geht ebenfalls oft wieder von einem Menschen aus, der ebenfalls nicht anders handeln kann. Die Zwänge sind etwas anderes als der gezwungene Mensch selbst. Doch wer oder was ist der so wiedergefundene Teufel? Es wäre vermessen, ihn zu definieren und seine Existenz mit naturwissenschaftlichen Methoden festzulegen, wir können nur versuchen, ihn anhand dessen zu beurteilen, was er bewirkt. Wenn wir gegen das Böse angehen, ist es eine Voraussetzung zu wissen, dass wir es nur vordergründig mit Menschen zu tun haben, denn im Hintergrund steht etwas, das auf sie einwirkt.

Zur Charakterisierung des Teufels sei hier ein kleiner Exkurs mit Aphorismen eingefügt.

Heute fürchtet man weniger den Teufel als die Menschen, denen man wünscht, dass derselbige sie holen soll.

Wenn die Vernunft erkrankt, übernimmt der Teufel die Vertretung.

Es ist doch eigenartig, wenn der Satan gelegentlich auch die nicht verschont, deren Beruf es wäre, gegen ihn zu kämpfen.

Wer gegen das Teuflische mit teuflischen Mitteln kämpft, kann nur Eigentore schießen.

Der Teufel kommt gelegentlich auf nützlichen Fahrzeugen daher.

Der Teufel bringt die guten Züge der Menschen zum Entgleisen.

Der Teufel stellt sich nicht vor, wenn er einen besucht – nur bei Faust war das anders.

Wenn sich der Teufel im Detail versteckt, hat er vermutlich das Ganze schon im Griff.

Wer den Teufel an die Wand malt, sollte abwaschbare Farben verwenden.

Wer sich vom Teufel helfen lässt, hilft nur ihm.

Inzwischen ist der Teufel in die Metaphorik abgetaucht, er wird nur noch als Sprachbild, als Symbol des Bösen zitiert, und so ist er in unserer Alltagssprache erhalten geblieben, sie geht von der verteufelt scharfen Suppe bis zum Druckfehlerteufel. Selbst Kant als Vollender der Aufklärung arbeitete sprachlich mit ihm, wenn er von »teuflischen Lastern« spricht. Wir suchen nach ihm jedoch nicht nur in der Sprache, das wäre zwar ein interessantes Objekt, doch es geht um viel mehr. Der abendländische Umgang mit dem Bösen ist nicht verständlich ohne den schon in der Bibel beschriebenen Versuch der ersten Menschen, die Schuld von sich zu weisen und auf ein böses Wesen zu schieben. Ein Wesen, das seinen Willen dem andern aufdrängt, ihn mit Versprechungen lockt, kurz, das ihn verführt. Der Mensch sagte sich zu allen Zeiten: Das Böse kommt nicht aus mir, so schlecht bin ich doch nun auch wieder nicht, es ist über mich hergefallen und hat mich gepackt. (Eva: »Die Schlange betrog mich, also dass ich aß.«) Für den Versuch einer solchen Schuldverlagerung stehen Begriffe wie Teufel, Satan, die Schlange, Beelzebub (Bal Sebul), *der* Böse, der Drache, Mephisto, Luzifer zur Verfügung. Außer Mephisto sind dies lauter biblische Gestalten.

Doch was ist eigentlich das Böse? In dem 1982 erschienenen Buch von Albert Görres und Karl Rahner mit dem Titel »Das Böse« schreibt Albert Görres folgenden Satz: »Wenn ich vom Bösen spreche, meine ich genau nicht mehr und nicht weniger als das Unrecht.« Als ob es möglich wäre, das Böse mit derart banalen Worten zu charakterisieren! Das Unrecht kann zwar mitunter eine Folge des Bösen sein, doch, wie gesagt, man darf nicht die Wirkung mit der Ursache verwechseln. Das Böse ist ein vielschichtiges geistiges Phänomen.

72

Annemarie Pieper schreibt, man dürfe nicht die »Faktizität des Bösen als zufälliges Abfallprodukt gesellschaftlicher Mechanismen verharmlosen« (»Einführung in die Ethik«).

Noch simpler als bei Görres erscheint eine Banalisierung in der sogenannten »Bibel in heutigem Deutsch«. Die Worte Gut und Böse erscheinen bei der Paradiesgeschichte in dieser Übersetzung nicht. Stattdessen heißt es in einer Anmerkung, es handle sich hier um die »Erkenntnis des Guten und Schlechten, d.h. des Nützlichen und Schädlichen«. Nein! Der ethische Sinn von Gut und Böse liegt jenseits von Nützlichkeitserwägungen. Nützlich und schädlich sind die Grundlage praktikabler Rezepte. Sie bleiben an der Oberfläche des menschlichen Intellekts und haben keine weitere Bedeutung. Mit nützlichen Tipps kann man sich seine Arbeit erleichtern, doch nicht die Seele heilen. Das Böse sind demgegenüber Handlungen, die den ganzen Menschen als verführt und schuldbeladen erkennen lassen. Bei der Erkenntnis, die im Paradies erworben wird, geht es um die Herauslösung des Menschen aus der Welt der kreatürlichen Schuldunfähigkeit und um die kritische Distanz zur Natur. Dies ist kein nützliches Rezept, sondern die Grundlage unseres Menschseins.

Das Böse in Gestalt des so verstandenen Teufels ist ein Verwandlungskünstler, dieser muss, um die Menschen zu ergreifen, mit der Zeit gehen und sich in allen Situationen anpassen. Wenn die Menschheit wächst, wächst er mit. Wenn die menschlichen Systeme komplizierter werden, trägt er dem Rechnung. Der Teufel ist immer auf dem Laufenden. Er verfolgt die Menschheit wie ein Schatten, und der Schatten ist bekanntlich der einzige, sich stets verändernde Ort, von dem aus man die Sonne nie sieht. Er ist auch einem Virus zu vergleichen, der immer wieder neue Formen oder andere, bisher unbekannte Arten von Krankheiten unter die Menschen bringt. Manche Viren entwickeln in mehrfacher Hinsicht heimtückische Strategien, sie erscheinen, drohen die halbe Menschheit zu vernichten, und wenn sie »erfahren«, dass ein wirksamer Impfstoff entwickelt wurde, verschwinden sie heimlich und kommen vielleicht durch die Hintertür mit anderem Gesicht wieder zurück. Man darf nicht unterstellen, ein einzelnes Virus könne für sich eine Strategie entwickeln, man muss dem »Feind«, einem vereinigten »Virenstaat«, gewissermaßen Schläue und List zubilligen. Da nimmt es kein Wunder, wenn der Mensch von teuflischem Verhalten spricht.

Wer das Böse verstehen will, muss über den in uns steckenden materialistischen Schatten springen und dem Teufel so etwas wie ein Eigenleben und einen eigenen Willen zugestehen. Ob man das nun symbolisch oder als Tatsache verstehen will, bleibt jedem überlassen, es ändert nichts an der Wirklichkeit dessen, was geschieht und wie es zustande kommt. Wir sehen ja, wie offensichtlich ein böser Geist technische, politische, wirtschaftliche und finanzielle Systeme beherrschen kann, ohne dass wir in der Lage sind, die Schuldigen eindeutig zu identifizieren.

Diabolos, der »Auseinandersetzer« und Entzweier

Der Teufel will »diabolos« sein, ein nach der ursprünglichen Bedeutung des griechischen Wortes Durcheinanderwerfer, ein Zertrenner, einer, der letzten Endes aus der Welt das machen will, was sie vor der Schöpfung war. Die Spaltung in der menschlichen Gesellschaft ist das oberste Ziel des Bösen: Es geht darum, die Menschen voneinander zu trennen, und das geschieht dadurch, dass jeder in allem, was er tut, seine eigenen Interessen, sein Ego allein im Blickfeld hat. Hegel nennt es das »Fürsichwerden« oder das »insichseiende Fürsichsein«, das zur »Entzweiung« führen muss (»Phänomenologie des Geistes«, VII C). Es trägt zur Zerstörung des Guten bei, das Hegel in diesem Zusammenhang darstellt, als das »selbstlose Einfache«. Etwas kürzer gesagt: Egoismus treibt die Menschen auseinander, er »entzweit« sie. Das Gegenteil ist die selbstlose Gemeinschaft der Menschen.

Natürlich muss jeder Mensch an sich und seine eigenen Interessen denken, doch er soll dazu bereit sein, sie in eine höhere Ordnung einzufügen. Es geht darum, für sein Ein- und Auskommen zu sorgen, ohne andere zu prellen. Wem dieses Einordnen, das nicht ein Unterordnen sein muss, nicht gelingt, der setzt sich dem Einfluss des Bösen aus, weil er nur seinen Vorteil, seine Gier, seinen Besitz, seine Wahrheit, seine Partei, seinen Glauben für wichtig hält und blind ist für das Denken, Wohl und Wehe aller anderen. Dadurch trennt er sich von der Gemeinschaft und trägt zu ihrer Auflösung bei. Den Grundgedanken, der hier beachtet werden müsste, hatte der einstige Studienfreund Hegels, der damals zwanzigjährige Friedrich W. J. Schelling (1775–1856), in seiner zwölf Jahre vor Hegels »Phänomenologie« entstandenen Schrift »Neue Deduktion des Naturrechts« (1795) niedergelegt:

»Das Gebot der Ethik muss nicht den Ausdruck des individuellen, sondern des allgemeinen Willens enthalten.« (§ 32)

Statt »allgemeinem Willen« kann man auch Begriffe wie Universalwille oder göttlicher Wille verwenden. Der Universalwille verbindet Menschen miteinander, er ist ein über das Individuum hinausgehender, die Welt bewahrender Wille. Er ist im Ich, das sich fügt und einordnet. Er spendet Liebe, lehrt Rücksicht auf Mensch und Natur, er geht aus von dem Bewusstsein, Teil der Menschheit zu sein, und schließlich ermöglicht er die Verbindung des Menschen mit Gott. Diesen Gedanken wiederholt Schelling 1809 in seiner Schrift über das »Wesen der menschlichen Freiheit«:

»Dem Eigenwillen der Kreatur steht der Verstand als Universalwille entgegen.«

Daraus folgert er: »Die Erhebung des Eigenwillens ist das Böse.« Diese Erklärung erscheint zunächst als unzureichend, doch bei näherer Betrachtung zeigt sie, wie sehr sie allem Bösen zugrunde liegt. Wer von seinem Eigenwillen oder Partikularwillen beherrscht ist, billigt anderen weniger Rechte zu als sich selbst. Er trennt seinen Willen von dem Willen der anderen und kennt nur sich und seine Interessen. Der Universalwille erstreckt sich auch auf die Zukunft. Wer ihn verdrängt, handelt ohne Verantwortung für andere und für die Zukunft. Hans Jonas kritisierte in seinem Buch »Das Prinzip Verantwortung« (1979) eine schuldig werdende Menschheit, die nur von ihren allernächsten Problemen beherrscht ist:

»Das Nichtexistente hat keine Lobby und die Ungeborenen sind machtlos.«

Eine weltweit verbreitete Verantwortungslosigkeit ist das Ergebnis des vom Allgemeinwillen losgelösten Daseins. Das Böse will das Gefühl der Weltverbundenheit nicht zustande kommen lassen oder sogar zerstören. Bei internationalen Konferenzen über Arten-, Umwelt- und Währungsschutz treten immer wieder die partikularen Interessen der beteiligten Länder in den Vordergrund und viel zu wenig das eigentlich für alle gemeinsame Ziel, über das man sich leicht einig sein kann, soweit man nicht handeln muss. Der Teufel verstellt die Weichen, lässt die Brücken zwischen den Völkern und einzelnen Menschen einstürzen. Er ist der Herr der Entropie im weitesten Sinne, also der Auflösung, der Strukturvernichtung, der aus der Familie Mensch eine amorphe Ansammlung von Einzelkämpfern machen will. Kurz gesagt: Er macht die heile Welt kaputt, er wird zum Schöpfer des Chaos.

Doch hier meldet sich die Ambivalenz des Bösen zu Wort: Die Vernichtung des Gewordenen muss nicht nur als etwas Negatives betrachtet werden. Man wusste schon immer, dass es ohne negative Kräfte, ohne Tod und Verrottung keinen Neuanfang geben kann, denn schöpferische, aufbauende Kräfte können sich nur durch die Arbeit am noch nicht völlig Geordneten, am noch wenigstens teilweise Chaotischen bewähren. Was wäre die schöpferische Energie ohne eine Gegenkraft, die das Alte vernichtet und dadurch den Boden bereitet, der das Neue aus dem Humus entstehen lässt?

Die Inder sehen im Gott Shiva das Prinzip »Schöpfung und Neubeginn« oder »Erhaltung und Zerstörung«, weil es das eine ohne das andere nicht geben kann. Die Schöpfung ist nie vollendet, sie kann ohne das ihr vorausgehende totale oder auch partielle, aus Vergangenem entstehen-

77

de Chaos nicht eingreifen. So gesehen ist das Böse ambivalent, d.h., es ist mitunter sogar Quartiermeister für das Gute. Das Böse ist auch ein Motor der Menschheit oder: »Ein Teil der Finsternis, die sich das Licht gebar«, wie Mephisto zugeben muss.

Woher sollten wir wissen, was das Gute ist, wenn es nicht auch das Böse gäbe? Die Welt wäre wie ein Boxkampf mit nur einem Boxer im Ring. Öde und Langeweile ließen die Menschheit erschlaffen, denn die Welt ist auf die Gegnerschaft zum Bösen aufgebaut, und das Böse ist in die Schöpfung integriert. Dennoch müssen wir den bösen Gegner bekämpfen, denn sonst schlägt er uns schon in der ersten Runde k.o.

Der missachtete Mitmensch

Albert Einstein schrieb einmal:

»Der wahre Wert eines Menschen ist in erster Linie dadurch bestimmt, in welchem Grade und in welchem Sinn er zur Befreiung vom Ich gelangt ist.«

Wer nur sein Ziel und seine Aufgaben im Auge hat, dem fehlen Zeit und Sinn, in den Spiegel zu schauen und sich die Haare zu richten. In den Augen seiner ersten Frau Mileva war Einstein ein »Erzschlamper«, dessen Befreiung vom Ich sich in einem wirren Haarschopf und einem ebensolchen Schreibtisch zeigte.

Im Gegensatz dazu denkt ein vom Ich gefesselter Mensch immer an seine Wirkung, seine eigenen Wünsche oder sogar seine Gier. Im Folgenden ist von einem Menschen zu berichten, der die Befreiung vom Ich nicht versucht hat, denn er war dessen Gefangener. Andere Menschen waren für ihn nur Objekt seiner abartigen Brutalität. Taugte er als Musterbeispiel für einen bösen Menschen?

Heinrich Pommerenke war Deutschlands berüchtigtster Frauenmörder in der Mitte des 20. Jahrhunderts. Er verstarb 2008 im Gefängniskrankenhaus Hohenasperg, einundsiebzigjährig, nach fast einem halben Jahrhundert in Haft. Auf das Konto des damals unauffällig, eher schüchtern aussehenden zweiundzwanzigjährigen jungen Mannes gehen mindestens vier vollendete und sieben versuchte Morde an Frauen, zahlreiche vollendete und versuchte Vergewaltigungen, Raubüberfälle, Einbrüche und Diebstähle. Seine dreisteste Tat hatte er in der Nacht zum 1. Juni 1959 begangen. In einem Urlauberzug nach Italien ermordete er hinter Freiburg ein einundzwanzigjähriges Mädchen durch einen Messerstich in die Brust, warf die Leiche aus dem fahrenden Zug (damals ging das noch) und betätigte anschließend die Notbremse. Als der Zug nach zwei Kilometern zum Stillstand kam, stieg Pommerenke aus, ging die Strecke bis zum Opfer zurück, schleppte es auf einen Feldweg und verging sich an der Toten.

Pommerenke war ein völlig egozentrischer Mensch, dem jegliches soziale Einfühlungsvermögen fehlte, andere waren für ihn keine »Mitmenschen«, sondern eigentlich nur Sachen, die er nach seinen eigenen abartigen Vorstellungen behandelte und misshandelte. Auch wenn Pommerenke in seinem nach der Auffassung der damaligen Richter nicht krankhaften Autismus ein extremer Einzelfall war, kann man doch erkennen, dass er seit der Kindheit in einem gesellschaftlichen Umfeld gelebt hat, in dem sich solche Neigungen entwickeln konnten.

Erich Fromm hätte einen solchen Menschen als »nekrophil« (das Tote liebend) bezeichnet, als jemanden, der nicht nur Lust am Töten und an Toten empfindet, wie Pommerenke, sondern ganz allgemein auch Lust am Beherrschen toter Materie. Das geht nach der Meinung Fromms hin bis zu dem alltäglichen und immer weiter um sich greifenden Trieb, alle menschlichen Bewegungen möglichst durch Technik zu ersetzen. Fromm schreibt: »Ich beziehe mich damit auf all jene, deren Interesse an Artefakten [künstlichen Erzeugnissen] das Interesse für alles Lebendige verdrängt hat und die sich auf eine pedantische und unlebendige Weise mit technischen Dingen befassen.«

Seit dem Erscheinen der Erstausgabe von Fromms Buch »Die Anatomie der menschlichen Destruktivität« (1973) in den USA hat die Technisierung der Industrie und des Alltagslebens, ja selbst der Ernährung revolutionäre Wandlungen erfahren. Man denke z. B. an die grausame und gefühllose Massentierhaltung, an quälerische Tiertransporte, und dies alles trotz des Bestehens eines »Tierschutzgesetzes«, dessen konsequente Anwendung den wirtschaftlichen Interessen der Ernährungsindustrie geopfert wurde. Wer einem Hund einen Tritt versetzt, macht sich strafbar, wer zumindest ebenso sensible Schweine in der Finsternis zusammenpfercht, sie quälerisch transportiert und sie miterleben lässt, wie tausend andere am Fließband abgeschlachtet werden, genießt die Gunst einer Göttin Justitia, die statt dem Schwert eine Wurst in der Rechten hält. Das Mitleid auch mit Tieren (nicht nur mit Hunden und Katzen im Haus) ist eine natürliche Eigenschaft der Menschen. Dies aus wirtschaftlichen Interessen zu ignorieren ist ein Teil der teuflischen Entzweiung der Welt. Alle Menschen können in Gefahr geraten, Eigenschaften zu entwickeln, die dem friedlichen Zusammenleben entgegenstehen.

Persönlichkeitsanalysen von Straftätern, deren schwierige Charakterzüge sich schon im Kindes- und Jugendalter bemerkbar machten, zeigen zumeist deutlich deren gestörtes Sozialverhalten. In einer Studie für das ICD (Internationale statistische Klassifikation der Krankheiten und verwandter Grundprobleme) haben die Jugendpsychiater Helmut Remschmidt und Martin Schmidt einige typische Charaktermerkmale von Jugendlichen zusammengestellt, bei denen die folgenden Verhaltensmerkmale immer wieder zutage treten (Text leicht gekürzt):

- herzloses Unbeteiligtsein gegenüber Gefühlen anderer,
- verantwortungslose Haltung und Missachtung sozialer Normen und Verpflichtungen,
- Unfähigkeit zur Aufrechterhaltung dauerhafter Beziehungen, obwohl keine Schwierigkeit besteht, sie einzugehen,
- sehr geringe Frustrationstoleranz und niedrige Schwelle für aggressives einschließlich gewalttätiges Verhalten,
- fehlendes Schuldbewusstsein oder Unfähigkeit, aus negativer Erfahrung zu lernen, insbesondere aus Bestrafung,
- deutliche Neigung, andere zu beschuldigen.

Sollten sich solche Eigenschaften bis in die Erwachsenenzeit fortsetzen, so meint der Kriminologe Hans Jürgen Kerner, der diese Studie ebenfalls zitiert, dann ist die Wahrscheinlichkeit groß, als psychopathischer oder soziopathischer Verbrecher eingestuft zu werden. Bei den von der Jugendrichterin Kirsten Heisig (»Das Ende der Geduld«)

81

geschilderten Fällen erscheinen immer wieder Jugendliche als rückfällige Straftäter, die gerade solche Eigenschaften wie die hier genannten aufweisen. Heisig vermittelt den Eindruck, dass derartige Charakterzüge besonders bei zerrütteten Familienverhältnissen zunehmend auftreten. Auch dürfte der Genuss brutaler Filme und Videos eine Rolle spielen, doch immerhin ist zu bedenken, dass es solche Taten im Grunde schon immer gegeben hat. Zugenommen haben die schlechten Vorbilder.

Susanne Leinemann (Die Zeit, 49/2010) berichtet von Tätern, die ebenfalls mangels einer wirklich freien Entscheidung keine Vertreter des »radikal Bösen« sind, obwohl es zunächst so scheinen mag. Die Journalistin wird in Berlin gegen dreiundzwanzig Uhr auf dem Heimweg kurz vor ihrer Wohnung von drei Jugendlichen aus Brandenburg brutal von hinten überfallen, zusammengeschlagen und ausgeraubt. Die Beute beträgt fünfunddreißig Euro. Sie lassen die Schwerverletzte blutend und ohnmächtig auf der Straße liegen. Der Haupttäter hatte mit dem Stab eines alten Treppengeländers der Frau über den Kopf geschlagen und einen Schädelbruch verursacht, er ist sechzehn Jahre alt. Nach weiteren Überfällen wird die Juniorgang geschnappt und in ein offenes Erziehungsheim verfrachtet, aus dem die Bande nach drei Tagen wieder entweicht, nachdem sie die beaufsichtigende Frau zur Herausgabe ihrer Papiere brutal erpresst hatten. Bei einer späteren Vernehmung durch die Polizei blickt einer der Schlägertypen neugierig auf die als Zeugin geladene Frau. Sie schreibt: »Kinder sollen ja neugierig sein. Aber es gibt auch eine Neugier des Bösen: Wie viele Schläge hält ein Mensch aus, wie weit spritzt das Blut.« Als der Täter gefragt wird, ob es ihn nicht interessiere, ob das Opfer noch lebe, lehnt sich der inzwischen Siebzehnjährige zurück, grinst und sagt: »Und? Lebt sie noch?« Das war sein ganzer Kommentar. Frau Leinemann, das Opfer dieses Überfalls, macht sich Gedanken über die brutalen Jugendlichen: »Dabei sind die drei das Produkt von lauter gut gemeinten Absichten einer weit verzweigten Sozial- und Therapieindustrie, von Sozialpädagogen, Psychotherapeuten, Erziehern, Angestellten der Jugendämter.« Sie meint daher: »Eine kaputte Kindheit ist kein Freifahrtschein für Mord und Totschlag.« Es gibt auch für die vernachlässigten Jugendlichen keinen unter allen Umständen wirksamen Zwang zum Handeln, vielleicht liegt es tatsächlich an einer Humanität, die bei solchen Jugendlichen gar keinen Eindruck macht, sie also auch nicht zum Guten hin ändert. Könnte es sein, dass die »Sozial- und Therapieindustrie« den falschen Ansatz hat? Hier sei nochmals auf den babylonischen Mythos hingewiesen, nach dem die milde Göttin das Böse verkörperte.

Die Achtung vor dem Mitmenschen lernt man am ehesten durch den rücksichtsvollen Umgang mit ihnen. Wer dies nicht schon in frühester Kindheit erfahren hat, läuft Gefahr, es nie zu lernen. Wer fast nur noch mit Maschinen umgeht, für den sind sie ein seelenloser Menschenersatz. Kein Wunder, wenn ein Jugendlicher dann auch im Umgang mit dem anderen in ihm nur noch ein Objekt sieht und keinen Mitmenschen. Der Teufel schleicht sich in die menschliche Gesellschaft, indem er das natürliche Beziehungsfeld zwischen Menschen, das, was sie miteinander verbindet, aufzulösen sucht.

Vom Objekt zum Mitsubjekt

Wie wir gesehen haben, verführt der Teufel zur Teilnahmslosigkeit gegenüber Mitmenschen, doch es gibt zum Glück viel mehr Erscheinungsformen des Gegenteiligen, des Guten, nur spricht man normalerweise nicht von ihnen.

Die Szene spielt auf dem Parkplatz vor einem Supermarkt. Als eine Kundin nach dem Einkauf in ihr Auto steigt, stellt sie fest, dass ihr Wagen von einem Lieferwagen zugeparkt ist. Sie wartet zunächst geduldig auf das Ende der Lieferung, um dann loszustarten, doch es bewegt sich längere Zeit nichts. Ein älterer Herr, der die Situation erkennt, blickt zum Fahrersitz des Lieferwagens und beobachtet, wie der Fahrer gerade in aller Ruhe sein zweites Frühstück verzehrt und die Bildzeitung vor sich ausgebreitet hat. Er klopft an die Scheibe, der Fahrer reagiert, entschuldigt sich und gibt den Weg aus dem Parkplatz frei.

Eine ganz gewöhnliche Alltagssituation, es gibt keinen Schaden, keinen Streit, keine Verärgerung. Was unterscheidet den Mann, der das Problem löst, von so vielen anderen Menschen? Er ist sicher kein Held, er tut eigentlich nur eines: Er geht aufmerksam durch den Tag, erkennt eine Schwierigkeit, die ihn eigentlich gar nicht berührt, und reagiert. Seine Tat: Er nimmt teil. Er sucht und findet einen Weg, einem Mitmenschen behilflich zu sein. Das kostet ihn nichts, es gehört auch keine Zivilcourage zu dieser kleinen Tat. Die Mitmenschlichkeit beginnt schon in scheinbar völlig nebensächlichen Situationen. Sie setzt sich in aktiver Nachbarschaftshilfe und vielen anderen, noch weitergehenden Aktionen fort.

Doch schon die kleinen Aufmerksamkeiten und Gefälligkeiten werden den Menschen zunehmend erschwert, die ständig unter Zeitdruck stehen und die es nicht mehr gewohnt sind, auf andere positiv zu reagieren. Die Menschen werden nicht schlechter, doch die Felder der natürlichen Hilfsbereitschaft drohen zu veröden und zu verwildern zugunsten der kommerziellen »Support-Dienste« und »Hotlines« im weitesten Sinne. Sie bestehen zunehmend nur noch aus einem menschlichen oder automatischen Sprachcomputer, den der Kunde durch entsprechende Eingaben bedienen muss. Wo durch eine Frage das Programm des Kundenautomaten nicht getroffen wird, bricht dieser das Gespräch kommentarlos ab und lässt den Anrufer hilf- und schirmlos im Regen stehen. Das Böse, das schon in kleinsten Unaufmerksamkeiten bestehen kann, bahnt sich Wege durch die menschliche Gesellschaft und wird in seinen Anfängen meist nicht erkannt, weil es als Fortschritt gepriesen wird. Das Werk des Bösen ist zu erkennen, wenn gemeinsame Wege auseinanderdriften, wenn aus dem Miteinander nur noch ein unpersönliches Funktionieren wird. Diese Entwicklung geht bis ins Privatleben, wenn aus der Liebe eine Beziehung wird, in der jeder nur sich kennt und den anderen als Objekt seiner Liebe ansieht, die dann endet, wenn das Objekt nicht mehr den eigenen Vorstellungen des Partners entspricht. Dieses Prinzip brachte Friedrich W. J. Schelling in seiner Schrift »Neue Deduktion des Naturrechts« auf den Punkt:

»Handle so, dass durch deine Handlung (ihrem Inhalt und ihrer Form nach) kein vernünftiges Wesen als bloßes Objekt, sondern als mithandelndes Subjekt gesetzt werde.« (§ 45)

Diese These gewinnt immer noch an Aktualität. Wer die Menschen, mit denen er umgeht, als Mitsubjekt und nicht als Objekt anerkennt, sieht nur die gemeinsame Aufgabe und vermeidet so, den anderen zu unterdrücken oder zu übervorteilen. Der vom Bösen beherrschte Mensch sieht nur sich selbst. Er versucht, andere Menschen als Objekte zu behandeln, die seinen Zielen dienen sollen. Er geht nicht mit ihnen, sondern er geht mit ihnen um. Eine ganz andere Grundeinstellung hat derjenige, dessen Handeln den andern mit einbezieht, als »mithandelndes Subjekt«. Käufer und Verkäufer handeln dann nicht gegeneinander, sondern miteinander, weil jeder sich zugleich auf den Standpunkt des anderen stellt und dessen Funktion in der Handlung erkennt und anerkennt.

Oder man denke an das Schachspiel. Da wird auch gewissermaßen ums Überleben hart gekämpft, auch Tricks und List spielen eine Rolle. Doch alles geschieht auf einer für beide Seiten offenen, durch Spielregeln eingegrenzten Ebene. Der Partner hat die gleiche Startchance. Wer verliert, muss anerkennen, dass sein Gegner besser gespielt hat. Dieses Prinzip gilt natürlich auch beispielsweise für den sportlichen Wettkampf, wobei allerdings dann, wenn es um Geld und Punkte geht, eine Einschränkung gemacht werden muss, denn auch manches Fußballstadion ermöglicht dem Teufel eine Spielwiese.

Kein »vernünftiges Wesen«, schreibt Schelling, sollen wir als Objekt behandeln. Wer lügt oder betrügt, traktiert den andern mit seiner eigenen Scheinwahrheit, er schließt damit automatisch den andern von einer gemeinsamen Wahrheit aus, trennt sich von ihm, dadurch wird er automatisch zum Objekt. Doch wie sieht es mit geistigen Organismen aus, zu denen wir auch die Erde in ihrer Gesamtheit, die Wirtschaft, die Technik, die Industrie usw. rechnen müssen? Wer die Welt nur als Objekt ansieht, misshandelt sie automatisch, denkt nur an seine eigenen Ziele und Ideologien, und seien sie in wirtschaftlicher Hinsicht noch so vernünftig. Langsam regt sich der Widerstand gegen die derzeit herrschende Ideologie des Fortschritts und des Wachstums. Natürlich brauchen wir Fortschritt und Wachstum, doch der Teufel hetzt uns immer mehr in eine unbefragte Zukunft. Wir müssten doch eigentlich wissen, was wir von der Zukunft erwarten wollen und was nicht, wohin wir wachsen und fortschreiten können. Die Natur kennt nirgends ein grenzenloses Wachstum, im Gegenteil, sie zeigt uns, dass alles Natürliche einst dem Tod geweiht ist. Stattdessen lässt sich die Menschheit von denen antreiben, für die Fortschritt und Wachstum Selbstzweck sind und die sich von der Faszination durch das Machbare antreiben lassen. Wenn wir die gesamte Natur nicht mehr nur als unser Objekt, sondern als Mitsubjekt ansehen würden, sähe manches anders aus. Wir hätten dann zum Beispiel keine der Natur gegenüber destruktive Landwirtschaft und Ernährungsindustrie.

Doch was geschieht stattdessen? Der Umgang mit Geld ist eine natürliche Angelegenheit. Wenn diese Natur durch windige Hilfskonstruktionen ersetzt wird, kann sie jedoch außer Kontrolle geraten. Die Bankenkrise des Jahres 2008 offenbarte es: Mensch, Technik und eigentliche Aufgabe driften auseinander und werden unkontrollierbar, es entsteht allgemeine Verwirrung. Ein großer Teil der Entscheidungen, die zu dem Dilemma geführt hatten, war mithilfe von Datenverarbeitungssystemen gesteuert worden, in der Hand von Menschen, deren Naivität nur noch von ihrer Raffgier übertroffen wurde. Anscheinend hatte niemand mehr den nötigen Durchblick, um zu wissen, wer die eigentlich Schuldigen waren und ob es sie überhaupt gab. Bei manchen der betroffenen Banken hatte keiner eine Ahnung, wie hoch die Schuldenlast ihres Unternehmens tatsächlich war. Immer wieder hörte man von neuen, anderen, noch höheren Schulden. Man stocherte gemeinsam im Nebel herum. Banken, deren Management besonders laut staatliche Hilfe gefordert hatte, schrieben kurz danach wieder tiefschwarze Zahlen. Und bei anderen, die behauptet hatten, sie seien nicht betroffen, stellte sich erst später heraus, dass sie praktisch pleite waren. Auch Regierungen haben manchmal solche Probleme, weil sie sich nicht oder von den Falschen beraten lassen. Wenn es nicht ein ernstes Problem wäre, könnte man sagen, eine ganze Branche hat sich im höchsten Maße lächerlich gemacht und trotz der großartigen wissenschaftlichen Erforschung des Systems chaotisch gehandelt. Maschinen sind schuldunfähig, nicht die Menschen, die meinen, man könne ihnen auch dann vertrauen, wenn die Programme von falschen Voraussetzungen ausgehen.

Fazit:
Das sinnvolle Leben in der Gesellschaft setzt ein aufmerksames und teilnehmendes Miteinander voraus. Der Teufel macht es sich zur Aufgabe, dieses zu trennen und zu verwirren.

Das mitmenschliche Empfinden kann bei Menschen gestört oder im Extremfall überhaupt nicht vorhanden sein, in diesem Fall kann es zu verbrecherischer Veranlagung und/oder zu krassem Egoismus führen.

Das Miteinander lässt sich bewahren und stärken, wenn folgende Erkenntnisse beachtet werden:

1. *Erforsche den Allgemeinwillen und lasse dich von ihm leiten, lege ihn deinen Entscheidungen zugrunde.*
2. *Behandle niemand lediglich als Objekt deiner Interessen, sondern beziehe ihn in das gemeinsame Handeln ein.*

Technische Systeme im Dienst des Menschen müssen so organisiert sein, dass sie das menschliche Miteinander nicht unmöglich machen und zerstören.
Nicht nur die Natur und ihre Ressourcen setzen dem Wachstum Grenzen, sondern auch die Kapazität der menschlichen Hirne.

Das Dilemma der gegenseitigen Verteufelung

Eine Vierjährige geht mit ihrer Freundin hinter den Gärten einer Häuserreihe entlang. »Das ist ein liebes Haus«, sagt sie. Nach ein paar Schritten hört man: »Das ist ein böses Haus«, und dann wieder: »Das ist auch ein liebes Haus, das nächste auch, dann kommt wieder ein böses.«

Zum Lächeln? Natürlich, doch hinter diesem Urteil verbirgt sich ein altes Gesetz. Es ist ganz einfach: Menschen, die man kennt, sind lieb, und die andern, die man nicht kennt, sind böse, ihnen begegnet man zumindest mit Misstrauen. Später wird das Mädchen hoffentlich etwas differenzierter über die Nachbarn urteilen.

Bei Hunden gibt es diese Unterscheidung natürlich auch: Die Fremden werden angebellt, neue Bekannte werden zunächst beschnüffelt und Freunde mit Schwanzwedeln begrüßt. Hier zeigt sich ein Urtrieb, der Menschen seit Jahrtausenden dazu verhilft, als Gruppe zusammenzuhalten und die vom anderen Stamm zu bekämpfen, sobald sie sich als Konkurrenten den nahrhaften Gefilden nähern. Ist dies alles längst vorüber? Hat die menschliche Zivilisation solche einfachen, nur am Instinkt orientierten Grundentscheidungen überwunden? Bis jetzt nur teilweise. Das Mädchen tut nämlich etwas, was andere auf etwas höherer Ebene auch tun: Es trennt, es (unter-)scheidet nur zwischen Gut und Böse nach seinem eigenen, ganz einfachen Maßstab, und in diesem gilt alles Fremde als böse.

In diesem Zusammenhang passt eine Meldung, die vor mehreren Jahren durch die Presse ging: Ein Paar fuhr im Urlaub durch Bosnien, das damals noch zu Jugoslawien gehörte. Bei der Durchfahrt durch ein Dorf lief dem Fahrer ein Kind ins Auto, das an der Unfallstelle verstarb. Der Fahrer verließ die Stelle zu Fuß, um die Polizei zu verständigen. Als er zurückkam, sah er, dass seine Frau von den Dorfbewohnern aus Zorn und Rache für die Tötung des Kindes an einem Baum aufgehängt worden war. Für die aufgebrachten Bewohner des Ortes gab es nur ein Argument: Ein Fremder, ein Eindringling, der ihre Sprache nicht beherrscht, hat ein Kind aus dem Dorf getötet. Das ist die einzige Realität, die den Ausschlag für ihr Handeln gab. Die Unfallfolge, das tote Kind, war für sie das Böse. Dass den Fahrer vermutlich keinerlei Schuld traf, spielte für sie keine Rolle. Es ging ihnen nur darum, den Tod des Kindes zu rächen. Der Fahrer hingegen sah in den Totschlägern das Böse, weil sie eine unschuldige Frau umgebracht hatten. Der Gegensatz zwischen einerseits archaischem, kreatürlichem und andererseits von der menschlichen Zivilisation geprägtem Verhalten wird hier besonders deutlich. Es ist dies zugleich auch ein Zeugnis für die Entwicklungsfähigkeit der menschlichen Zivilisation, im Gegensatz zu denen, die wie manche Biologen behaupten, der Mensch sei im Grunde der alte Affe geblieben.

Die kulturelle, geistige Evolution lässt die unendlich langsamere biologische weit hinter sich zurück. Ein Mensch, der sich zur Verteidigung auf seine Instinkte beruft, zum Beispiel nach einer Vergewaltigung, verzichtet darauf, Mensch zu sein. Wenn Vertreter einer anderen Denkkultur in ein mitteleuropäisches Land einwandern und meinen, es müssten die Leute dort auch so fühlen und handeln wie in ihrer ehemaligen vorderasiatischen Heimat, dann sind solche kulturellen Zusammenstöße vorprogrammiert, wenn sie auch zum Glück nur ausnahmsweise so extrem enden wie in dem Fall, dass eine junge Türkin in Berlin wegen ihrer an Westeuropa angepassten Lebensweise im Auftrag der Familie von ihren Brüdern ermordet wurde. Auch Europäer können andererseits nicht erwarten, dass ihnen in fremden Ländern spontanes Verständnis für die Art und Weise, wie sie sich geben, entgegengebracht wird.

Solche Geschichten sind allerdings nur die konkretisierte Auswirkung eines Prozesses, der dabei ist, weltgeschichtliche Dimensionen anzunehmen. Die Auseinandersetzung zwischen den USA und ihren Verbündeten einerseits und muslimisch geprägten Völkern im Vorderen Orient haben dies deutlich gezeigt. Das Böse scheint keine eigene, neutral zu definierende Gestalt zu haben, es ist einfach das jeweils Andere, das Fremde und dadurch als bedrohlich Empfundene.

Überall gilt die Formel: Das Unbekannte und Fremde ist das Böse. Mit dieser Formel will der Teufel verhindern, dass Getrenntes zusammenfindet, dass Neues anerkannt wird. Die »Moral des gerechten Tötens«, die schon im Alten Testament installiert war, ist erst in der zweiten Hälfte des 20. Jahrhunderts ins Wanken geraten, doch zumindest in den Ländern, die einen Angriffskrieg führen und/oder die Todesstrafe nicht abgeschafft haben, immer noch präsent. Dieses Verhalten beruht auf einer alten Tradition. David galt als Superheld, seit er den Philisterkönig Goliath mit der Schleuder erlegt hatte. Die Bosheit der Philister bestand vor allem darin, dass sie nicht beschnitten, also unrein waren. David wusste, wie man Karriere macht: Man heiratet die Tochter des Chefs. Er bewarb sich um Michal, die Tochter des psychopathischen Königs Saul. Der Schwiegervater verlangte keine Morgengabe, er begnügte sich bescheiden mit der Forderung, ihm als Beleg für Davids Kunst als erfolgreicher Totschläger, hundert Vorhäute der Philister zu präsentieren. »Da machte sich David auf und zog hin mit seinen Männern und schlug unter den Philistern zweihundert Mann. Und David brachte dem König ihre Vorhäute in voller Zahl (…) und Saul sah und merkte, dass der Herr mit David war.« (1. Buch Samuel, Kap. 19) Der ruhmreiche und fromme David steigerte sein Ansehen mit einem (damals angeblich) Gott wohlgefälligen Abschneiden von Vorhäuten der erlegten Andersgläubigen. Wer mit solchen nicht gerade ästhetischen Aktionen die Ausbreitung des guten und einzig richtigen Glaubens fördern will, ist sicher auf dem Holzweg. Wenn man dies zur Kenntnis nimmt, erübrigen sich manche Erörterungen über jeweils aktuelle politische Konflikte.

Obwohl man mit solchen Taten, wie sie der »fromme« David vollbracht hat, spätestens seit Jesus ganz bestimmt kein gottgefälliges Werk mehr begründen könnte, machten sie in den folgenden Jahrtausenden noch Schule. Man darf auch das »Wort Gottes« insoweit nicht überall in der Bibel wörtlich nehmen, schließlich wurde es von fehlbaren Menschen niedergeschrieben, und da mag es gelegentlich manche Störgeräusche beim Empfang aus der himmlischen Sphäre gegeben haben. Zum Glück war der Sohn in der Lage, manches, was man fälschlich dem Vater zugeschrieben hatte, zu korrigieren. Leider, wenn man auf die Weltgeschichte blickt, mit nur mäßigem Erfolg. Oder hat der Herr in den letzten dreitausend Jahren gelegentlich seine Meinung geändert?

Überall begegnen wir diesem Phänomen: Das Böse macht die Wahrheit zum einen Besitztum, anhand dessen man die Menschen verfeinden kann. Da wird gesagt: Wir sind das einzige wahre Volk, wir haben den einzig richtigen Glauben, wir haben die einzig richtigen Moralvorstellungen, wir allein wissen, wie man mit Demokratie und Liberalismus den Wohlstand fördert, allein unsere Technik löst alle Probleme und vieles mehr. Von diesem trennenden Denken müssen wir uns verabschieden, auch wenn jeder Abschied schwerfällt. Wie geht man mit solchen versteinerten Wahrheiten um?

Wahrheitsmumien im Museum antiker Dogmen

Einer der Wegbereiter des geistigen Fortschritts in der Wissenschaft des 20. Jahrhunderts war der aus Wien stammende britische Denker Karl Popper (1902–1994). Seinen Begriff von »Wahrheit« könnte man sich allgemein verinnerlichen: »Wir suchen nach der Wahrheit, aber wir besitzen sie nicht.« Auf dieser kurzen Aussage Poppers beruht seine Wissenschaftstheorie. Seine Folgerung ist daher: »Aller Erkenntnisfortschritt besteht in der Verbesserung des vorhandenen Wissens in der Hoffnung, der Wahrheit näherzukommen.« Dieses Näherkommen geschieht durch den Versuch, das vorhandene Wissen zunächst einmal in Frage zu stellen und eventuell zu widerlegen (zu falsifizieren), um den Weg für eine neue Suche freizulegen. Die dabei gefundenen Ergebnisse, die ohne das bereits Widerlegte auskommen, bringen uns der Wahrheit einen Schritt näher. Es geht also in dem Popper'schen System nicht um den endlichen Beweis der Wahrheit, sondern um eine fortschreitende Annäherung an sie. Gilt das, was in der Naturwissenschaft zu weiterem Fortschritt verhilft, auch für geistige und religiöse Wahrheiten, oder handelt es sich bei dem Wort Wahrheit um einen Begriff der ganz verschiedene Inhalte haben kann?

Die Römische Zeitung »Avisi di Roma« berichtete am 19. Februar 1600 über ein Ereignis, das zwei Tage zuvor stattgefunden hatte. »Am Donnerstagmorgen wurde auf dem Campo dei Fiori jener verbrecherische Dominikanerbruder aus Nola lebendig verbrannt, von dem wir in einem der letzten Blätter berichtet haben: ein sehr hartnäckiger Ketzer, der nach seiner Laune verschiedene Dogmen gegen unseren Glauben ersonnen hatte, und zwar insbesondere gegen die Heilige Jungfrau und die Heiligen. Dieser Bösewicht wollte in seiner Verstocktheit dafür sterben, und er sagte, er sterbe als Märtyrer.«

Der »verstockte Ketzer« war Giordano Bruno (1548–1600) aus Nola bei Neapel, einer der größten Denker Italiens. Er hatte die geistigen Zentren Europas bereist, war sogar in Wittenberg und Genf gewesen, konnte jedoch dort mit seinen Thesen auch keinen Anklang finden. Bruno hatte unter anderem behauptet, das Universum sei unendlich, alle Dinge seien beseelt. Seine Schriften kursierten in Europa unter den Gelehrten, sodass von Brunos Denken also eine »Gefahr« ausgehen konnte. Sein Verbrechen bestand darin, der Kirche ihre seit Jahrhunderten verbrieften und festgelegten Wahrheiten streitig zu machen. Doch dies führte natürlich nicht zu einer weiteren Suche unter Einbeziehung der Bruno'schen Thesen, sondern zu seiner Verurteilung. Wenn sich ein Einzelner den vereisten Wahrheiten mit der Fackel nähert, bringt man ihn um, wenn es eine ganze Glaubensgemeinschaft unternimmt, muss man sie möglichst ausrotten. Die Priester, die Wahrheitsabtrünnige irdisch bestrafen wollten, waren gezwungen, ihren Unglauben und ihren Materialismus durch diese Tat zu bekennen. Sie leugneten dadurch nämlich die sonst von der Kirche selbst verbreitete Hoffnung auf eine Gerechtigkeit im Jenseits. Warum muss man einen Andersgläubigen hier schon bestrafen, wenn er einst sowieso – nach kirchlicher Lehre – in der Hölle braten muss?

Was als Wahrheit wie ein fester Besitz gehütet wird, war noch nie die ganze Wahrheit. Galilei konnte sie unter dem Druck der Kurie widerrufen. Was soll's?, mag er sich gedacht haben, wenn sich hier einer vor der Zukunft blamiert, dann bin nicht ich es! Er war sich seiner schon von Kopernikus aufgestellten Meinung sicher: Die Erde bewegt sich, nicht die Sonne. Ob er das berühmte Wort »und sie bewegt sich doch!« den päpstlichen Seelenpeinigern nach seinem Widerruf wirklich entgegengeschleudert hat oder nicht, spielt keine Rolle. Doch wer eine in alten Schriften tradierte Wahrheit sein Eigen nennt und nur sie als Antwort auf alle Fragen betrachtet, bleibt auf ihr sitzen. Denn die Wahrheit wird auf dem Markt gehandelt, wer dort nicht handelt, schließt sich aus, trennt sich von den wandelbaren Mitmenschen und spaltet sie. Die verbindende Funktion, die Kommunikation, wird ausgeschaltet oder sogar zerstört.

In seinem Buch »Der philosophische Glaube« schrieb Karl Jaspers rühmende und rührende Worte über die Wahrheit. Man darf dabei jedoch nicht die negative Seite außer Acht lassen. Jaspers formuliert: »Wahrheit ist, was uns verbindet.« Sehr richtig! Doch dann müsste im nächsten Satz eigentlich schon stehen, »vorausgesetzt, dass nicht einer daherkommt und behauptet, eine ganz andere Wahrheit zu besitzen«. Nur eine gemeinsame Wahrheit verbindet. Jaspers folgert weiter: »In der Kommunikation hat Wahrheit ihren Ursprung.« Auch dies ist wichtig, denn Wahrheit entsteht nur, solange man sich über sie austauschen kann. Und gerade daran lassen es die Wahrheitsfanatiker fehlen. Sie lehnen die Kommunikation über ihre Dogmen ab, weil sie es nicht ertragen können, über anderes nachzudenken als über das, was ihnen seit der Jugend eingebläut wurde.

Die Angst vor einer unbequemen Wahrheit durchzieht die Menschheitsgeschichte, denn die Wahrheit ist eine scheue Göttin, sie zeigt sich nur kurz, wenn wir nach ihr suchen. Sie lässt sich nicht gefangen nehmen, und wer sie halten will, muss versuchen, sie einzusperren, doch die Göttin selbst entflieht der Haft, zurück bleibt allenfalls eine Mumie der Wahrheit. Die einbalsamierte Wahrheit ist tot, selbst wenn sie mit dem Gold aus tausend Weisheiten geschmückt ist. Viele wissen es noch immer nicht: Durch ihre ständige Wiederholung kann man nicht die Wahrheit, sondern nur die menschlichen Schädel erhärten.

Dies gilt auch für Politiker, die keine sind, weil sie nicht

96

politisch handeln, sondern nur herrschen wollen; sie zeichnen sich durch ihre Angst vor der Wahrheit aus. Weltweit gibt es Staaten, in denen die freie Meinungsäußerung unterdrückt wird und die Vertreter einer freien Presse im wahrsten Sinne des Wortes totgeschwiegen werden. Selbst in Europa sind solche Potentaten, die immer wieder versuchen, die freie Presse zu maßregeln, an der Macht.

Poppers These kann man so darstellen, dass sie zugleich auch für Aussagen außerhalb der Naturwissenschaft gelten kann:

- Es gibt die objektive Wahrheit, aber wir haben sie nicht.
- Man kann sich dieser Wahrheit nähern, indem man das, was man hat, versucht zu bezweifeln und möglichst zu widerlegen.
- Über das Bezweifelte oder Widerlegte muss man diskutieren mit dem Ziel, zu möglichst gemeinsamen Aussagen zu kommen. So kann man sich der ewig unbeweisbaren Wahrheit nähern.

Mit diesem Denksystem, leicht modifiziert, kann man auch auf unbeweisbaren, geistigen Gebieten arbeiten. Dogmen, auch politische, kann man als solche weder beweisen noch belegen, doch es gibt eine Methode, sie zu überprüfen: die Vermittelbarkeit. Es gibt neben traditionellen Glaubensinhalten, die seit Urzeiten Menschen helfen, heilen und beglücken, auch solche, die den Menschen der Gegenwart nicht mehr überzeugend vermittelt werden können, die ihren Glauben nicht mehr stärken, sondern eher schwächen oder unzugänglich machen. Wenn man sich von ihnen befreit, kann das den Glauben stärken, intensivieren und erneuern. Viele der »ewigen« Dogmen wurden von Menschen formuliert, die in einer völlig anderen Zeit und geistigen Umwelt lebten. Das muss man berücksichtigen. Doch solch eine Art Entrümpelung geistiger Inhalte kann nur geschehen, wenn viele Menschen versuchen, in einer weltweiten Kommunikation eine Wahrheitsgemeinschaft durch offene und vorurteilslose Argumente und Einsichten herzustellen. Die unvermittelbaren »Wahrheiten« könnten dann im Museum antiker Dogmen ehrfürchtig bewundert werden.

Hilfreich bei der Suche nach vermittelbaren Zugängen zu Jenseitsvorstellungen kann das »Mediale« angesehen werden, wie es der Theologe Rainer Neu nennt. Das Mediale ist in den verschiedensten Religionen und Kulturen das Erfahrbare, das den Zugang zum Unerfahrbaren, Heiligen, Jenseitigen vermittelt. Es ist in der Architektur, Kunst, Musik und vor allem in Dichtung und Mythen zu finden. Diese Bindeglieder können sich im Lauf der Zeit wandeln, sie sind diesseitig, lassen aber eine Ahnung vom Jenseitigen erkennen, das der Mensch dadurch verinnerlichen kann. Tatsächlich gibt es auch in westlichen Kulturen eine ständige Suche nach neuen Zugängen, doch die gegenwärtige Suche scheint ziemlich chaotisch zu sein, weil sie nicht von den bestehenden Religionen mitgetragen wird. Noch sind wir weit entfernt von solchen geradezu utopisch klingenden Übereinkünften, doch man kann schon damit anfangen, über sie nachzudenken. Wer über Wahrheit offen nachdenkt und sie nicht als unveränderlichen Besitz hält, nimmt dem Teufel ein für ihn wichtiges Werkzeug aus der Hand.

Fazit:
Wahrheiten halten nur so lange, wie man mit ihnen leben, forschen und arbeiten kann. Sobald man sich über sie entzweit, verlieren sie ihren Wert und müssen gemeinsam neu

erkundet werden, denn sonst werden sie zum Werkzeug des Bösen.

Religionen könnten sich von unvermittelbar gewordenen Dogmen befreien und damit neue Wege zum Glauben öffnen. Unausgesprochen geschieht das derzeit schon.

Der unvoreingenommene Austausch von Meinungen über das, was man als ewige Wahrheit ansieht, führt zur weiteren Annäherung an sie. Dadurch können vorhandene Gegensätze zwischen verschiedenen Konfessionen oder Religionen, aber auch zwischen politischen Ideologien vermindert werden.

Der Mensch als »Marionette des Teufels«

Ich will, obwohl ich nicht will, was ich will. Ist dies nicht ein Widerspruch in sich? Sigmund Freud hat versucht, den Grund für das gelegentliche Entgleisen des Menschen unterhalb der »Oberfläche des seelischen Apparates« ausfindig zu machen. Auf der Suche nach den dabei entstehenden inneren Widersprüchen stieß er auf das damals neue Werk des Arztes Georg Groddeck (1866–1934), der »Das Buch vom Es« geschrieben hatte. Freud ging es zwar nicht um den Begriff des Bösen, sondern um das »Lustprinzip«, doch in dieser Hinsicht handelt er die Frage ab, wie der Mensch dazu kommen könne, etwas zu tun oder zu wollen, was er eigentlich gar nicht wollte. Bei diesem Widerspruch »Ich will etwas, obwohl ich eigentlich nicht will, was ich will« übernahm Freud den Begriff des »Es«. Was hat es damit auf sich?

Freud veröffentlichte darüber (1923) eine interessante Schrift, am Ende konnte jedoch auch er nicht überzeugend darlegen, wie so ein Widerspruch im Menschen zustande kommen kann. Dafür erfand er ein Gleichnis, das uns dem Kern des Rätsels näherbringt, ohne es zu lösen. Er meinte, normalerweise herrsche das Ich über unsere Absichten, doch »es gleicht so im Verhältnis zum Es dem Reiter, der die überlegene Kraft des Pferdes zügeln soll«. Wenn es dem Ich-Reiter nicht gelingt, das Es-Pferd zu beherrschen, so bleibt ihm »oft nichts anderes übrig, als es dahin zu führen, wohin es gehen will«. Der Reiter, dem innerlich der Gaul durchgeht, erkennt nicht, dass es nicht sein Ich, sondern sein Es war, das davongaloppiert ist. Und so pflegt »das Ich den Willen des Es in Handlung umzusetzen, als ob es der eigene wäre«.

Trotz dieses Gegensatzes zwischen Ross und Reiter und dem Als-ob-Ich des am ursprünglichen Ziel vorbeigaloppierenden Reiters bekennt sich Freud grundsätzlich nicht zu einem Es, das auch von außerhalb den Menschen beherrschen könnte. Auch sein »Über-Ich« ist im Ich selbst verborgen. Man fragt sich daher: Zwischen wem spielt sich dieser Kampf ab, wenn das Hand- oder Kopfgemenge unterhalb der Schädeldecke oder noch viel weiter unten eines und desselben Menschen stattfinden soll? Sein Als-ob-Ich klärt ihn nicht auf. Freud analysiert das Problem, doch er hat keine Lösung.

Diese Frage stellte sich wohl auch ein Gegenspieler Freuds, sein einstiger Assistent Carl Gustav Jung (1875–1961). Er wusste im Gegensatz zu Freud, dass das Individuum nicht für sich allein denkt und empfindet, sondern dass es geistige Kräfte geben muss, die von oben und außen seinen Willen beeinflussen können. Aus dieser Erkenntnis prägte er den Begriff des »kollektiven Unbewussten«, das sich beispielsweise in »archetypischen« Traumsymbolen zeigt, die seit Urzeiten in immer ähnlichen Mustern im Menschen erscheinen. So schrieb er einmal:

»Die Dämonie der Natur, über welche der Menschengeist anscheinend triumphierte, hat er unbesehen in sich geschluckt und ist zur Marionette des Teufels geworden.« (»Mensch und Seele«, 255)

Aus dem Freud'schen Es, das im Innern des Menschen angesiedelt ist, wird bei Jung etwas, was er gelegentlich Teufel nannte, der unbemerkt, von außen kommend, sich im Menschen einnisten kann.

101

In Albrecht Dürers berühmtem Kupferstich »Ritter Tod und Teufel« (1513) reitet der Tod – mit Stundenglas – neben dem Ritter, der Teufel folgt ihm mit der Lanze. Der unerschrockene Ritter blickt geradeaus und beachtet keinen von beiden, er lässt sich nicht aus der Ruhe bringen, er kennt nur sein Ziel. Das wollte Dürer zeigen. Natürlich wusste auch er, dass der Teufel hier nur als Symbolfigur dargestellt ist und er in Wirklichkeit normal aussehende Menschen in seinen Dienst stellt und nicht solche Ungeheuer. Doch anders wäre das Bild damals nicht verstanden worden. Dies führt zu der alten Erkenntnis, dass unser Gehirn eben doch nicht ein nach außen abgeschlossenes Gehäuse ist, sondern dass es auch auf Fernbedienung reagiert. Anstatt diese menschheitsalte Erfahrung ernst zu nehmen, stochern Neurowissenschaftler mit den raffiniertesten Methoden im Gehirn herum und finden Erstaunliches, nur eines können sie dabei nicht finden: Es ist das, was nicht nur im Menschen passiert, sondern zwischen und über den Menschen. Darüber wird zwar geforscht, doch diese Wissenschaft hat noch keinen allgemein anerkannten Ansatz gefunden, und Beobachtungen an dem, was nicht mit ihren auf Descartes und Newton fundierten Methoden messbar ist, verweisen die meisten Forscher derzeit noch in das Feld des Aberglaubens oder bestenfalls der Parapsychologie. Damit landen sie in der Sackgasse, denn sie suchen an einem Gebiet vorbei, ohne das menschliches Zusammenleben überhaupt nicht erklärbar ist.

Umgreifende Theorien darüber, auf welche Weise das Zusammenwirken der Menschen psychisch gesteuert wird, liegen ansatzweise vor. Sie können hier zumindest stichwortartig und unvollständig aufgeführt werden, sie zu erklären würde den Rahmen dieses Buchs sprengen.

• Das »gesellschaftliche Unbewusste« ist bei Erich Fromm in seinem Werk »Jenseits der Illusionen« der Gegensatz und die Ergänzung zu dem von Freud erforschten individuellen Unbewussten. Fromm schreibt: »Jede Gesellschaft bildet durch ihre Lebenspraxis und die Art ihres Bezogenseins, Fühlens und Wahrnehmens ein System von Kategorien, das die Formen des Bewusstseins bestimmt. Dieses System arbeitet sozusagen wie ein *gesellschaftlich bedingter Filter*.« Man kann feststellen, dass Menschen daraus auch ein gemeinsames Bewusstsein herleiten, das sie jedoch normalerweise für ihr eigenes halten.

• Gemeinsames Denken und Handeln kann jedoch auch in einer Gruppe ohne bewusste Verständigung um sich greifen, eventuell auch über große Entfernungen. Wie solche geistigen Übertragungen funktionieren, ist nicht geklärt. Ursache für das Gemeinsame im Denken und Handeln werden auch als »Resonanzphänomene« gedeutet, d. h., Menschen schwingen sich aufeinander ein, sie klingen seelisch zusammen, auch wenn sie sich nicht bewusst informieren.

• Ähnlich ist die Synchronizität zu verstehen. Man beobachtet immer wieder, dass Menschen gleichzeitig ähnlich handeln, ohne dass eine gemeinsame Ursache zu finden wäre. C. G. Jung schrieb darüber: »Ich habe den Terminus ›Synchronizität‹ gewählt, weil mir Gleichzeitigkeit, aber akausal verbundener Ereignisse als ein wesentliches Kriterium erschien.« (Zitiert in: »Erinnerungen, Träume, Gedanken«)

• Eventuell können auch Beobachtungen der sogenannten »transpersonalen Psychologie« eine Rolle spielen, die spirituelle Dimensionen mit einbezieht.

Der Teufel kennt diese ganze Serie natürlich bestens und bedient sich ihrer auf vielfältige Weise. So kann er aus harmlosen Individuen eine aggressive Horde zaubern.

Fazit:

Wir meinen, uns selbst zu beherrschen, kennen aber nicht die Einwirkungen, die im Guten und Bösen die Herrschaft über uns streitig machen. Entstehen sie in uns selbst, wie Freud meint, oder kommen sie auch von außen, was C. G. Jung aus vielen Beobachtungen folgert? Die stärksten Einflüsse auf einen Menschen gehen von der Gruppe aus, deren Glied er ist.

Vierte Strategie

Auf die Zweifelhaftigkeit der Schuld reagieren

Es ist vielleicht die schwierigste Frage zu unserem Thema: Wenn wir wissen, dass Böses durch Menschen veranlasst wird, müssen sie dann immer auch Schuld auf sich nehmen? Können denn die Menschen ihr Verhalten überhaupt selbst steuern, oder steckt da eine Macht dahinter, die sie nicht im Griff haben, doch die sie im Griff hat?

Kapituliert der Bundesgerichtshof vor dem Teufel?

»Die Nürnberger hängen keinen, sie hätten ihn denn«, dies soll der berüchtigte Raubritter Eppelein von Gailingen (1310–1381) spöttisch den Nürnbergern zur Burg hinaufgerufen haben, als es ihm gelang, am Tag, an dem er hingerichtet werden sollte, mit seinem Pferd über die Burgmauer zu fliehen. Auch dem Teufel gelingt diese List anscheinend immer wieder. Denn er versteckt sich mitunter in einem Täter, den man hat und doch nicht hat. Dazu braucht man keinen Sprung über die Burgmauer in die Tiefe. Wer in der Beurteilung des bösen Geschehens immer nach der Verantwortlichkeit und Schuld des einzelnen Menschen fragt, kann den wesentlichen Gehalt des Bösen nicht erfassen und nicht bekämpfen. Man kann auch schuldlos böse sein, selbst wenn dies nicht immer gleich einleuchtet.

Der Fall wurde oben schon geschildert: Eine Frau wurde wegen Misshandlung eines Kindes verurteilt, das sie beaufsichtigen sollte. In ihrer Wahnvorstellung hatte sich das zweijährige Mädchen in einen bösen Dämon verwandelt, den man mit Gewalt austreiben musste. Die Schuld der Peinigerin bestand nach dem Urteil des Landgerichts darin, dass sie nicht versucht hatte, sich auf den Boden der Realität zu stellen. Doch wie reagierte der Bundesgerichtshof auf die Revision, die im Namen der Angeklagten eingereicht wurde? Hier geht es um die Grundsatzfrage nach der menschlichen Schuld.

Wenn etwas Böses geschieht, wer ist dann daran schuld? Das unfassbare Böse aus dem Hintergrund, der Mensch, der sich zur Handlung gezwungen sieht, oder niemand? Das Böse und das strafrechtlich relevante Verschulden gehen von verschiedenen Ebenen aus. Dass das höchste für Strafsachen zuständige Gericht in Deutschland vor dem Teufel in die Knie geht, das ist eigentlich nicht vorstellbar. Doch wie soll man den Fall beurteilen, wenn der Bundesgerichtshof die Anerkennung einer Teufelsvision für ernsthaft möglich und sogar für einen Grund hält, die zuschlagende »Visionärin« eventuell für unschuldig zu halten? Man sollte natürlich nicht voreilig unterstellen, die hohen Richter in Karlsruhe glaubten selbst an den leibhaftigen Satan. Es ging hier nur darum, die Wahnvorstellungen der Angeklagten an einen »traditionellen« Bilderbuchteufel nicht widerlegen zu können.

Über die darin liegende Grundsatzfrage wurde vom Bundesgerichtshof entschieden (2 StR 138/95). Die Rich-

107

ter hielten es im Gegensatz zu dem urteilenden Landgericht keineswegs für selbstverständlich, dass die Frau zwischen Wahn und Wirklichkeit hätte unterscheiden können. Es kommt darauf an, wie gravierend und zwanghaft die abartigen Trugbilder gewesen seien. Denn »ohne Schuld handelt, wer bei Begehung der Tat wegen einer krankhaften seelischen Störung, wegen einer tiefgreifenden Bewusstseinsstörung oder wegen Schwachsinns oder einer schweren anderen Abartigkeit unfähig ist, das Unrecht der Tat einzusehen und nach dieser Einsicht zu handeln.« So steht es im Strafgesetzbuch (§ 20). Wenn die Angeklagte von einer schweren »seelischen Abartigkeit« betroffen war, die es ihr unmöglich machte, das Unrecht der Tat einzusehen und danach zu handeln, dann muss man, so der Bundesgerichtshof, einen derartigen Zustand der Befallenheit ernst nehmen. Man kann also nicht einfach sagen, so jemand solle sich doch gefälligst selbst auf den Boden der Wirklichkeit zurückholen. Es gibt Situationen, in denen der Mensch unter einem psychischen Zwang handelt, aus dem er sich nicht befreien kann, er muss dann so handeln, wie wenn gewissermaßen ein anderer ihn zwingen würde. Ein Mensch in dieser Situation ist nicht schuldfähig, kann also nicht bestraft werden. Ob er dann eventuell in eine Anstalt eingewiesen werden muss, ist natürlich eine andere Frage. Hat diese Rechtssache etwas mit dem Teufel zu tun? Das meinte vielleicht die Angeklagte, und wenn hier jemand besessen war, dann nicht das Kind, sondern die Beaufsichtigende. In Wirklichkeit ging es ganz nüchtern nur darum, zu klären, wie es um die Psyche dieser eigenartigen Dame bestellt war.

Wer die Frage der Schuldfähigkeit eines Menschen beurteilen muss, balanciert auf einem messerscharfen Grat.

Auch der genialste Richter kann das seelische Innenleben eines anderen Menschen nicht durchschauen, wenn dieser selbst nicht dazu in der Lage ist oder sich und anderen geschickt etwas vorlügt, was nicht zu widerlegen ist. Ein Psychologe als Gutachter kann aus dem Verhalten und den Aussagen eines Patienten oder, wie hier, einer Angeklagten kraft seiner Erfahrungen und Fachkenntnisse letztlich auch nur Vermutungen anstellen. Und da im Strafrecht der Grundsatz gilt »im Zweifel für den Angeklagten«, gibt es immer wieder Streitfälle, die zu einem Freispruch führen müssen, den das Publikum nicht leicht verstehen kann. Wo hört die irgendwie gerade noch beherrschbare Vernunft auf, und wo fängt die »tiefgreifende Bewusstseinsstörung« an? Und wo ist dann andererseits die Grenze zu einer Einsichtsfähigkeit, die nur »erheblich vermindert« erscheint, sodass ein Täter zwar verurteilt werden kann, aber mildernde Umstände bekommen muss? Das alles hängt letzten Endes an einer mehr oder weniger subjektiven Bewertung, und der Streit darüber ist in jedem Fall vorprogrammiert. Was bedeuten Worte wie »tiefgreifend« oder »erheblich« und viele andere unbestimmte Begriffe? Der Bundesgerichtshof hob die Verurteilung der Teufelsvisionärin auf und forderte vom Landgericht eine neue Entscheidung, die berücksichtigen muss, dass der Glaube an Dämonen so abartig sein kann, dass ein Täter, der unter Zwang handelt, nicht schuldfähig ist.

Wie schmal der Grat zwischen Schuld und Schuldunfähigkeit ist, zeigte sich auch in dem schon oben dargestellten Justizfall des mehrfachen Frauenmörders Heinrich Pommerenke. Ein halbes Jahrhundert nach dessen Verurteilung sagte der Psychiater Reinhard Lempp, bei Pommerenke habe als schwere geistige Anomalie der sogenannte Asperger Autismus vorgelegen. Der Täter habe daher in weitgehend schuldunfähigem Geisteszustand gehandelt und aus heutiger Sicht hätte man diesen Mörder in einer geschlossenen psychiatrischen Anstalt behandeln müssen. Das hätte bedeutet, den mehrfach bestialisch vorgehenden Menschen damals freizusprechen, wenn auch nicht gerade freizulassen. Solange man annimmt, ein schuldunfähiges Wesen, Mensch oder Tier, könne nicht böse sein, würde daraus folgen: Der »Mörder« handelte im moralischen Sinne nicht böse, denn ein normaler Mensch lässt andere leben. (Sofern er nicht aus Notwehr handelt oder als Soldat gezwungen ist, auf Feinde zu schießen.)

In einem anderen Fall hätte ein solches Verhalten unmittelbare politische Folgen gehabt. Am 9. Mai 1976 wurde die einundvierzigjährige Ulrike Meinhof in ihrer Gefängniszelle in Stammheim morgens tot aufgefunden. Sie hatte sich mit einem in Streifen gerissenen und zusammengeknoteten Handtuch am Zellenfenster erhängt. Zunächst war sie zu acht Jahren Freiheitsstrafe verurteilt gewesen, doch der zusätzliche Strafprozess gegen die Mitglieder der »Rote Armee Fraktion« (RAF), wie sich die Terrorgruppe selbst bezeichnete, oder die »Baader-Meinhof-Bande«, wie sie aufgrund eines Artikels in der »Bildzeitung« allgemein genannt wurde, war damals noch nicht abgeschlossen. In diesem Prozess war Ulrike Meinhof unter anderem wegen vierfachen Mordes angeklagt. Die begabte Journalistin hatte 1962 in der Zeitschrift »konkret«, deren Chefredakteurin sie zeitweise gewesen war, Folgendes geschrieben: »Schießenderweise verändert man nicht die Welt, man zerstört sie.« Noch in diesem Jahr musste sie sich einer Gehirnoperation wegen eines nicht bösar-

110

tigen Tumors unterziehen. Um diesen am weiteren Wachstum zu hindern, wurde ein Teil des Gehirns mit einer Klammer zusammengehalten. Schon dieser Eingriff ins Gehirn konnte, wie man heute weiß, eine Persönlichkeitsveränderung bewirken. Zusätzlich geriet Ulrike Meinhof in den folgenden Jahren immer weiter unter den Einfluss radikaler »roter« Kämpfer, auch dadurch wurde sie in Worten und Taten zunehmend fanatischer und aggressiver. Von ihren früheren pazifistischen Äußerungen rückte sie ab.

Ihre einstige Pflegemutter Renate Riemeck berichtete: »Sie war ein kompassloses Wesen, das den Boden unter den Füßen verloren hatte.« 1970 sagte Ulrike Meinhof: »Schreiben ist Scheiße, jetzt wird Revolution gemacht.« Über ihre Absichten gefragt, äußerte sie sich gegenüber einer Journalistin: »Natürlich kann geschossen werden.« Und es wurde geschossen, auch noch Jahre nach dem Tod der zuvor führenden Mitglieder der »Baader-Meinhof-Bande«. Ulrike Meinhof starb vor dem Urteilsspruch in dem gegen sie laufenden Mordprozess. Hätte sie überlebt, wäre es denkbar gewesen, dass das Gericht bei ihr wegen der vorangegangenen Gehirnoperation eine »krankhafte seelische Störung« festgestellt hätte, mit der Folge, ihr die Schuldfähigkeit teilweise, vielleicht sogar völlig abzusprechen. Immerhin wurde ja erkannt, dass sie vor der Operation ganz anders über Gewalt gedacht hatte als danach. Man stelle sich die Folgen eines solchen Freispruchs vor. Der politisch motivierten Terrorszene wäre höchstrichterlich bescheinigt worden, sie sei von einer Geistesgestörten maßgeblich beeinflusst worden. Ein solches Urteil kann gravierendere Auswirkungen haben als »nur« eine Verurteilung zu lebenslanger Haft.

111

Es würde die Meinung ermöglichen, der damalige Kampf der Terroristen sei von geistig gestörten Menschen gesteuert worden, was sicher viele Sympathisanten verunsichert hätte.

Die Grenze zwischen Wahn und Wirklichkeit verschwimmt am Horizont. Gibt es nicht auch den »Wahn«, der uns unbemerkt in einer Gruppe umfasst, deren Normen zum Bösen führen? Es sind dann keine Teufelsvisionen, sondern vielleicht Visionen von einer ruhmreichen und glanzvollen Zukunft.

Fazit:
Dem Teufel kommt es nicht auf die menschliche Schuld an. Ihm genügt die böse Tat. Ihr objektives Erscheinungsbild lässt meist nicht erkennen, ob das Böse von einem schuldfähigen Menschen verursacht wurde oder von einem in seinen Wahnvorstellungen gefangenen.

Ein ganzes Volk verfällt einem (Ver-)Führer

Eine Jugendbande verprügelt einen im Dorf bekannten, geistig etwas zurückgebliebenen jungen Mann und wirft den Schwerverletzten, von dem sie wissen, dass er nicht schwimmen kann, in den Fluss. Einem vorübergehenden Mann gelingt es, das Opfer an Land zu ziehen. Die Bande wird erkannt und angezeigt. Vor Gericht stellt sich heraus, dass es sich bei den Mitgliedern der Bande um ordentliche und sonst unauffällige Auszubildende handelt. Ihr Anführer stand bei dem Angriff lachend im Hintergrund und hat selbst keine Hand angelegt.

Dass der Mensch aufgrund seiner tierischen Herkunft

ein Herdentier ist, kann man nicht mehr bezweifeln. Doch der große Widerspruch, mit dem wir leben, besteht darin, dass wir dies meist nicht wahrnehmen oder nicht wahrnehmen wollen. Oft sind gerade die Menschen, die sich für Individualisten halten, ganz besonders an ihre Herde angepasst. Es ist dann vielleicht eine »Individualistenherde«, die etwas außerhalb der Alm grast, auf der die andern weiden und blöken. Charakteristisch für Herden ist, dass sie Alphatiere hervorbringen, die sie anführen. Demokratie ist in ihnen nicht gefragt. Dem Anführer oder, wie z.B. bei den Elefanten, der Anführerin wird kritiklos vertraut, solange nicht ein Konkurrent das Alphatier vom »Thron« stößt. Doch in dieser Hinsicht gibt es im Tierreich gewaltige Unterschiede.

Nietzsche formulierte:

»Einstmals war das Ich in der Herde versteckt: und jetzt ist im Ich noch die Herde versteckt.«

Wie dem auch sei, es geht um diese Erkenntnis: Wir sind nicht wir selbst, sondern ein untrennbarer Teil der Welt, der Natur, der Menschheit und vor allem der Gemeinschaft, in der wir leben. Sei es nun eine Bande von Jugendlichen oder ein ganzes Volk. Diese Erkenntnis wird gestört durch das Gefühl, das uns sagt: »Die Gedanken sind frei!« Doch wenn wir uns selbst kritisch betrachten, müssen wir zugeben, dass unsere Gedanken in der Gefangenschaft der Gesellschaft sind, der wir auf verschiedenen Ebenen angehören. In seiner Schrift »Die Wirklichkeit der Seele« (1934) führte C. G. Jung aus:

»Die innere Stimme bringt das zum Bewusstsein, woran das Ganze, das heißt das Volk, zu dem man gehört, oder die Menschheit, deren Teil wir sind, leidet. Aber sie stellt dieses Böse in individueller Form dar, sodass man zunächst meinen könnte, dass all dieses Böse nur individuelle Charaktereigenschaft wäre.«

Wir müssen uns fragen, wie soll dieses über unseren Köpfen schwebende Netz aussehen, das uns Menschen miteinander verbindet? Es muss ein Netz sein, das unsere Gedanken kennt und zum Guten und Bösen lenkt. Wir spüren allenfalls unsere individuellen Charaktereigenschaften, doch das, was uns mit den andern verbindet, ordnen wir allenfalls unserem Verstand zu, das ist nicht die wahre Erklärung dieses Phänomens.

Warum reagieren Menschen oft nicht individuell? Kurz gesagt: Auch Menschen bilden seit ihrer Entwicklung »Herden«. Diese Eigenschaft der Menschheit hat auch Auswirkungen auf die Frage nach dem Verschulden der Beteiligten, denn die Herde als solche ist zumindest strafrechtlich nicht zu fassen, letzten Endes sind nur die Gründer und Mitglieder einer kriminellen Vereinigung zur Verantwortung zu ziehen. Die »Herde« als solche kann zwar verboten und ggf. als Verein zum Ersatz verpflichtet, nicht jedoch pauschal bestraft werden. Immer wieder taucht die Frage auf, wie die Mitschuld all der vielen Millionen zu beurteilen ist, die an einem Verbrechen größten Ausmaßes auf allen Ebenen direkt oder indirekt beteiligt waren. Als Beispiel soll hier das Schicksal Deutschlands in den Jahren vor 1945 betrachtet werden.

Im Jahr 1933 erschien die 50. Auflage des Buchs »Mein Kampf« von Adolf Hitler. Bis dahin wurden über 700 000

Exemplare verkauft. Die zunächst 1925 und 1927 getrennt erschienenen beiden Bände waren also damals, schon vor Hitlers »Machtergreifung«, ein Superbestseller. Aus heutiger Sicht erscheint dieser zahlenmäßige Bucherfolg unverständlich, denn der Text ist von der ersten bis zur letzten Seite eine geifernde Polemik und voller einfältiger Vorurteile. Immerhin: So wie Medienstars heute mit dem Thema Sex und Selbstbeweihräucherung Bucherfolge feiern, interessierte man sich damals ernsthaft für die Frage, warum das zuvor mit Hurra-Rufen glorreich gefeierte Berliner Kaiserreich im (Ersten) Weltkrieg untergegangen war, und warum die Deutschen in den Jahren danach ihr einst so gefestigtes nationales Selbstbewusstsein verloren haben. Hitler lieferte für solche Fragen fertige Antworten, die praktisch alles auf eine Ursache zurückführten: Der Untergang des Reichs und das Elend danach waren das erhoffte und geplante Werk des »Weltjudentums«. Hitler sprach nicht von konkreten Handlungen einzelner, sondern immer unterstellte er allen Juden einen gemeinsamen Willen. Hier eine Kostprobe: »So ist der Jude heute der große Hetzer zur restlosen Zerstörung Deutschlands.« (702) Hitlers Grundüberzeugung war, jeder einzelne Jude, selbst in der Vermischung mit anderen, vermehre das zersetzende Gift im Volk. Hitlers »Vision« gipfelte in der Forderung, einen »germanischen Staat deutscher Nation« zu errichten. Um das zu erreichen, forderte er die Eliminierung der Juden aus dem deutschen Volk. Natürlich schrieb er nicht konkret von Deportation und von industrieller Massenvernichtung, so etwas konnte man sich damals noch nicht vorstellen, doch im Hintergrund war diese Folge in seinem Werk schon angelegt. Hitlers tätliche Radikalität hat später in den Kriegsjahren noch zugenommen.

Allerdings: Der von den Nazis wegen seiner Hymnen auf den Herrenmenschen so verehrte Friedrich Nietzsche hatte schon 1896 in seinem Werk »Jenseits von Gut und Böse« empfohlen, »die antisemitischen Schreier des Landes zu verweisen«. (Aphorismus 251) Hitler selbst war der lauteste unter ihnen, ihn hätte man als Ersten ausbürgern müssen und die Braunschweiger 1932 nicht in Deutschland einbürgern dürfen. Man könnte diesen Vorgang so kommentieren: Der vom Teufel Besessene ruft zum Kampf gegen einen Scheinteufel auf. Er hatte schon 1927 geschrieben: »Wenn die Propaganda ein ganzes Volk mit einer Idee erfüllt hat, kann die Organisation mit einer Handvoll Menschen die Konsequenzen ziehen.« (633)

Den Ideeneinpeitscher hatte Hitler in seinem Propagandaminister Joseph Goebbels. Hitler sprach vom »Herrenvolk« und machte es zum »Herdenvolk«. Nur so konnten sich Slogans wie »Du bist nichts, dein Volk ist alles!« oder »Ein Volk, ein Reich, ein Führer!« durchsetzen und massenhaft gebrüllt werden. In einer Schrift des Bundes Deutscher Mädel (BDM) hieß es: »Das Ich muss ausgemerzt werden, damit man umso dienstbereiter in der Gemeinschaft stehen kann.« Deutlicher kann die damals proklamierte Herdenmoral, über die schon Nietzsche gelästert hatte, nicht erklärt werden. Eine im Prinzip nicht abwegige Moral, nämlich die Pflege des Zusammengehörigkeitsgefühls, wurde dadurch verfälscht, dass man den Willen des »Führers« mit dem Allgemeinwillen identifizierte und ihn zum Hirten machte, der seinerseits seine scharfen Hütehunde einsetzte.

Nach 1945 haben sich Menschen in aller Welt an den Kopf gefasst und gefragt, wie es denn dazu kommen konnte, dass ein Volk, dem man alles in allem ein hohes Intelligenzpotenzial bescheinigen muss, mehrheitlich einem jäh-zornigen Psychopathen anheimfällt und mit und für ihn Verbrechen gegen die Menschlichkeit begeht, die man zu-vor nicht für möglich gehalten hätte. So ganz gelöst ist das Rätsel noch immer nicht und wird es auch nie sein. Viele von denen, die an Hitler geglaubt hatten, waren bis zum Ende des Kriegs nicht bereit oder in der Lage, der Wirk-lichkeit ins Auge zu sehen. Dabei wussten alle zumindest ab 1943 aus den Nachrichten, wie die Städte zunehmend zerstört wurden und die deutschen Armeen, sofern sie nicht aufgerieben waren, wie die sechste Armee in Stalin-grad, vor den vordringenden Feinden sich immer weiter zurückziehen mussten. Der Wahn, der durch Hitler über das Volk gekommen war, erlosch bei der großen Mehrheit, die an ihn geglaubt hatte, (hoffentlich) endgültig erst nach seinem viel zu späten freiwilligen »Helden«-Tod am 30. April 1945, acht Tage vor der Kapitulation.

War Hitler ein vom Teufel besessener Verbrecher? Es war doch nur ein einzelner Mensch. Worin lag das eigent-lich Böse in seinem Verhalten? Man darf sich die Antwort auf diese Frage nicht zu leicht machen, wie es viele Unbe-teiligte im Nachhinein versuchten. Hätte man Hitler all-gemein gleich ohne Weiteres als Psychopathen erkennen können, wäre es ihm nicht gelungen, auch viele Gebildete und Intellektuelle in seinen Bann zu ziehen. Doch sein ein-seitig polemisches Buch ließ immerhin erkennen, dass er sich um eine Auseinandersetzung mit der Zeitgeschichte bemüht hatte, wodurch er viele Vorurteile, die im Volk ver-breitet waren, stärkte und aktivierte. War Hitler ange-sichts seiner in den Kriegsjahren zunehmend erkennbar werdenden Psychopathie überhaupt noch schuldfähig? Erich Fromm hielt Hitler für einen »klinischen Fall von

Nekrophilie«, also mit einer krankhaften Gier nach Töten, nach Tod und nach Toten. Galt auch für ihn das Wort des Augustinus »Nicht wir sündigen, sondern eine uns nicht näher bekannte Macht in uns«? War der »Führer« ein vom Teufel besessener Mensch mit überdurchschnittlich ausgeprägtem Willen bei mittlerer Intelligenz und krankhaften Wahnvorstellungen? Sein Größenwahn weitete sich zu einer seelischen Abartigkeit aus, doch er behielt die Macht in eisernen Händen.

Das Rätsel erscheint unlösbar. Sicher ist, dass von ihm eine im wahrsten Sinne des Wortes unmenschliche und unheimliche Kraft ausgegangen sein muss, es war ein Bannfluch, denn wie sonst kann ein einzelner Mensch solche Massenwirkung erzeugen und einen solchen Machtapparat organisieren, einen industriell »produzierenden« Völkermord veranlassen und ein ganzes Volk ins Verderben stürzen?

Nach dem Krieg hat man zunächst versucht, alle, die Hitler Gefolgschaft geleistet hatten oder ihm mit Worten und Taten zu Diensten waren, zu Mitschuldigen zu erklären. Doch so einfach ist das nicht möglich, denn auch viele, die einfach nur überleben wollten, haben ihm gedient. Dafür ein relativ harmloses Beispiel: Dem Komponisten Norbert Schultze (1911–2002) wurde 1940 empfohlen, um erfolgreich zu werden, in die Nazipartei (NSDAP) einzutreten, was er befolgte, denn sonst wäre der damals Neunundzwanzigjährige zum Militär eingezogen worden. Stattdessen musste er in der Heimat Propagandalieder vertonen, wie »Bomben auf Engeland«, »Panzer rollen in Afrika vor« und »Von Finnland bis zum Schwarzen Meer« mit der Schlusszeile »Führer befiehl, wir folgen dir«. Welterfolg wurde erst im Krieg mehr oder weniger zufällig sein zuvor auf einen schon 1915 entstandenen Text des Dichters Hans Leip komponiertes Lied »Lili Marleen«. Nach dem Krieg wurde er gefragt, warum er sich für das Böse habe ausnützen lassen. Da sagte er lapidar: »Ich hatte die Wahl, mich in Russland totschießen zu lassen oder in Berlin zu komponieren, da habe ich mich für das Komponieren entschieden.« Ähnlich ist es vielen ergangen, die Hitler auf allen Ebenen gedient hatten.

Wenn wir vom Bösen reden, kommen wir nicht darum herum, hier mehr zu vermuten, als »nur« einen verrückt gewordenen Gefreiten aus dem Ersten Weltkrieg. Egal, wie unsere Gedanken ausfallen, zu einem »Freispruch« kann es im Nachhinein dennoch nicht kommen. Der Teufel lädt seine Schuld auf die Menschen ab, ihn selbst kriegt keiner zu fassen, er verbirgt sich hinter denen, die ihm verfallen sind, ohne es zu wollen. Die meisten wollten oder spürten das Böse, dem sie dienten, nicht. Nur wenige, wie wir am Beispiel von Ernst Udet und seinem dramatischen Pendant, General Harras, gesehen haben, waren sich des Bösen in ihrem Dienst voll und ganz bewusst und reagierten mit Flucht in den direkten Tod oder in den indirekten, der ihnen drohte, wenn sie Widerstand leisteten wie die Männer vom 20. Juli 1944 um den Grafen von Stauffenberg. Die meisten waren einfach in der verführten Herde als »Mitläufer« marschiert, ihre Schuld bestand darin, dass sie nicht die Kraft und den Mut hatten, zum todgeweihten Helden zu werden.

Es darf nicht der Eindruck entstehen, das Herdenverhalten eines Volkes sei ein speziell deutsches Problem in der Zeit des »Dritten Reichs« gewesen, wie es manche vermutet hatten. Das Prinzip funktioniert überall und zu allen Zeiten. Nur hat es meist nicht so tragische Folgen wie damals. Es ist natürlich ein gravierender Unterschied, ob die Herde auszieht, um Menschen zu töten, oder ob sie passiv und friedlich hinter dem Fernseher sitzt; dennoch zeigt sich auch hier der Trieb, Teil einer Gruppe zu sein, die gemeinsam denkt und fühlt. Bei dem Spiel Deutschland gegen Spanien am 7. Juli 2010 waren in Deutschland über 31 Millionen Fernsehgeräte eingeschaltet, wobei nicht zu ermitteln war, wie viele das Spiel zu Hause wirklich gesehen haben, denn es sitzt ja nicht immer nur einer vor dem Bildschirm. Dazu kamen Unzählige, die das Spiel in Restaurants und Kneipen oder bei öffentlichen Übertragungen auf Plätzen angeschaut haben.

Der Herdentrieb einerseits und das Streben nach Freiheit und Unabhängigkeit andererseits gehören zum Leben, wobei niemand das Herdenverhalten als gut und den Freiheitsdrang als böse bezeichnen kann, auch umgekehrt ist das unzulässig. Das haben selbst die Väter des Grundgesetzes bedacht und folgende Formulierung gefunden: »Jeder hat das Recht auf die freie Entfaltung seiner Persönlichkeit«. Dies akzeptieren alle für sich, doch der Nachsatz lautet: »… soweit er nicht die Rechte anderer verletzt und nicht gegen die verfassungsmäßige Ordnung oder das Sittengesetz verstößt.« (Artikel 2, Absatz 1) Diese beiden gesellschaftlichen Faktoren – Freiheitsdrang und gesellschaftliche Schranken – stehen in einem unauflösbaren Gegensatz, über den nur im Einzelfall entschieden werden kann. Mit dem »Sittengesetz« können Richter allerdings nichts anfangen, weil es sich nicht in verbindlichen Regeln erfassen lässt. Doch immerhin weist der Satzteil eine Richtung, die auch heute noch oder zunehmend wieder auszuloten ist. Man könnte das so deuten: Jedes Schaf darf frei herumlaufen, wo es will, aber es muss bei der Herde bleiben. Dieser Widerspruch ist Teil der Dialektik, die auch alle menschlichen Entscheidungen beherrscht.

Der Teufel ist nicht in der Materie zu finden, doch er kann sie beherrschen, er ist nicht im Gehirn, nicht in der Maschine; das Böse ist ein Phänomen, das allen, die es fassen wollen, durch die Finger rinnt. Und doch wissen wir: Das Böse ist nicht auf die individuelle menschliche Schuld angewiesen. Der Teufel kann eine »Herde« dazu verführen, Verbrechen zu begehen, ohne Rücksicht darauf, ob ihre Glieder sich des Bösen bewusst sind oder überhaupt bewusst sein können. Auch der menschliche Anstifter kann seinerseits das Opfer einer ihn beherrschenden Psychose sein.

Fazit:
Das menschliche Herdenverhalten ist durch die Evolution aus dem Tierreich genetisch bedingt. Die Herde gehorcht bewusst oder unbewusst einem Anführer, einem Alphatier.

Dem Teufel gelingt es immer wieder, Einzelne zum anführenden Alphatier zu machen und zu beeinflussen. Er kann sie so zum Bösen verführen. Dann macht er die Menschen in der »Herde« zu Teilnehmern an weitgehend gemeinsamen Vorstellungen. Er kann zum Herrn über ihren Willen werden.

Hier ist etwas »am Werk«, das die Menschen offensichtlich nicht einfach dadurch ausschalten können, indem sie den Verstand walten lassen. Nur manche mit überdurchschnittlichem Willen können sich aus dem Gruppenverhalten lösen.

121

Lässt sich das Böse aus dem Gehirn operieren?

Am 13. September 1848 legte der damals fünfundzwanzigjährige Phineas Gage eine Sprengladung für eine Bahntrasse in felsigem Untergrund. Anscheinend machte er dabei einen Fehler und die Explosion ging vorzeitig los. Dabei schoss ihm eine rund sechs Kilo schwere und über einen Meter lange Eisenstange durch den Kopf und landete erst nach über 20 Metern Entfernung. Das »Geschoss« zerstörte den Oberkiefer und das linke Auge. Einen Teil der Hirnmasse riss die Stange ebenfalls mit. Es ist eine erstaunliche Geschichte, denn Gage überstand den Unfall bei vollem Bewusstsein und lebte dann noch zwölf Jahre weiter. Durch diese schwere Verletzung war er jedoch ein anderer Mensch geworden. Aus einem verantwortungsvollen und respektierten Vorarbeiter wurde ein triebgesteuerter, aufbrausender Kerl mit den intellektuellen Fähigkeiten eines Kindes.

Diese eigenartige Geschichte ist nicht mehr nur ein Kuriosum, sondern indirekter Ausgangspunkt für die entsprechende Forschung. Das Schicksal dieses amerikanischen Gleisbauarbeiters wird in der einschlägigen Literatur immer wieder erwähnt. Die Frage, ob man einen solchen Menschen für schuldfähig halten kann, wenn er eine Straftat begeht, stellte sich bei ihm nicht, doch sie lässt sich aufgrund von Schilderungen über äußerliche Eingriffe in das Gehirn leicht verneinen. Markowitsch und Siefer (»Tatort Gehirn«) stellen daher fest, Gewalttäter seien nicht normal, ihre Anormalität habe eine organische Ursache im Gehirn.

Es gibt allerdings auch umgekehrte Fälle. Ein unmusikalischer Mensch entwickelt nach dem Eingriff in sein

Gehirn plötzlich eine musikalische Begabung, die sein Leben grundlegend ändert (Oliver Sacks: »Der einarmige Pianist«). Der Traum der Gehirnchirurgen besteht nun gewissermaßen darin, den »Teufel« im Gehirn zu finden und herauszuoperieren. Zu bemerken ist, dass das Böse auch in diesem Zusammenhang kein Fachbegriff ist, es geht lediglich um die Neigung eines Menschen zu Gewalthandlungen und Kommunikationsproblemen. Könnte man diese Anormalität isolieren und entsprechend verändern, wäre das ein Fortschritt. Eventuell gelingen künftig auch Eingriffe, die Kontaktfähigkeit, Gefühle der Zufriedenheit, Aktivität und manches mehr beeinflussen können.

Doch wenn es um die Entscheidung zwischen Gut und Böse geht, werden keine Fortschritte zu erwarten sein. Die dahinter liegende ethische Einstellung liegt auf anderer, höherer Ebene. Die Natur tut uns oft nicht den Gefallen, zwischen Gut und Böse eindeutig und messbar zu unterscheiden. Eine solche Bewertung ist nicht das nachvollziehbare Ergebnis einer programmierbaren Gehirnfunktion, sondern eines Abwägens, die den ganzen Menschen mit seiner durch Vernunft und Erfahrung geprägten Persönlichkeit herausfordert. Solche Bewertungen ergeben sich aus einer mehrdimensional vernetzten Struktur im Gehirn, sofern sie überhaupt je materiell fassbar sein können. Diese abstrakte Trennung findet zunächst im menschlichen Denken statt, sie ist ein im Lauf der Jahrtausende gewachsenes Kulturprodukt. Immerhin, wenn die Neigung zu Gewalttaten im Denkprogramm »gelöscht« werden könnte, wäre dies schon ein großer Fortschritt, der durchaus angestrebt werden sollte.

Auch ohne organische Veränderung oder Abartigkeit im Gehirn kann der Mensch in Situationen geraten, in denen

123

es ihm unmöglich ist, sein Verhalten zu steuern. Normalerweise muss jeder seine Affekte beherrschen können. Doch gelegentlich müssen die Richter auch vor schwersten Untaten kapitulieren und ihre Ohnmacht kundtun. Es kann bei Gewalttaten, selbst bei Totschlag vorkommen, dass der Sachverständige eine »Primitivreaktion« feststellt, die vom Täter nicht beherrscht werden konnte, sodass also auch hier der Täter nicht schuldig gesprochen werden kann. Das Wort »Primitivreaktion« in ähnlichem Sinn wie »Kurzschlusshandlung« bedeutet nicht, den Täter insgesamt als primitiven Mensch zu kennzeichnen, sondern nur, dass bei der Tat eine »Explosionshandlung« vorlag, bei der sämtliche »Hemmungsmechanismen« überrollt wurden.

Fachleute sprechen vom Modell des Schichtenaufbaus der Persönlichkeit, wobei man zwischen primitiven und höher organisierten Schichten unterscheiden kann. Affektausbrüche gehen von den archaischen, primitiven Schichten aus, die vom Verstand nicht beherrscht werden (Leipziger Kommentar zum Strafgesetzbuch). Man könnte auch ganz einfach sagen, die Reaktion des Täters nimmt keinen Umweg über den Kopf, sie kommt, populär gesprochen, aus dem »Bauch« oder unmittelbar aus dem Rückgrat. Sie hat insofern etwas Tierisches, mit der Folge, dass mitunter selbst ein »bestialisch« handelnder Mensch unschuldig sein kann.

Eine solche Beurteilungsmöglichkeit ist sehr gefährlich, sie kann unter Umständen zu schwer verständlichen Freisprüchen führen, wie es gewesen wäre, wenn man damals Pommerenke freigesprochen hätte. Wenn ein Gewalttäter sich damit rechtfertigt, bei ihm seien die »Sicherungen durchgebrannt« oder der schon oben erwähnte »Gaul durchgegangen«, dann wird erkennbar, wie schwer es ist, den Teufel zu erkennen. Er selbst handelt nicht, er bedient sich der Menschen, und ob die nun schuldhaft oder schuldlos handeln, das kümmert ihn nicht, ihm kommt es nur auf das Ergebnis an. Das Böse als solches kann in beiden Fällen gleich erscheinen, es ist unabhängig vom Menschen und unabhängig von der juristischen Beurteilung. Der Teufel pfeift auf die Justiz.

Fazit:
Was kann einen Menschen dazu bestimmen, eine »teuflische« Tat zu vollbringen? Dazu gibt es verschiedene Möglichkeiten, die bei der ethischen, eventuell auch bei der strafrechtlichen Beurteilung eine Rolle spielen.
- *Er kennt das Böse seines Verhaltens und begeht die Tat in diesem Bewusstsein.*
- *Er handelt auf Befehl eines anderen, der Macht über ihn hat. Dies kann auch ein psychischer Druck sein, eventuell auch durch Hypnose.*
- *Er unterwirft sich freiwillig einem nicht bindenden Gebot.*
- *Er passt sich dem Verhalten seiner Gruppe an.*
- *Er kann einer Versuchung nicht widerstehen.*
- *Er imitiert ein böses Vorbild.*
- *Er spürt einen inneren Zwang, den er selbst nicht erklären kann.*
- *Er handelt spontan und unkontrolliert im Affekt.*
- *Es handelt in ihm, obwohl er eigentlich anders handeln wollte.*
- *Er handelt aufgrund einer ererbten oder erst später erworbenen, im Gehirn lokalisierbaren Anormalität.*

Unser freier Wille – Einbildung und Wirklichkeit

Wir begnügen uns hier mit einigen der wichtigsten Thesen zum Thema Willensfreiheit. Sie sprechen für sich. Doch wir werden sehen, dass wir auch den hier zitierten Seelen- und Denkmeistern nicht unbedingt folgen müssen, denn es gibt noch einen Gesichtspunkt, den sie in den meisten dieser Thesen nicht berücksichtigen.

Wer Sünde tut, der ist der Sünde Knecht. Wenn euch nun der Sohn Gottes frei macht, dann seid ihr recht frei.«
Jesus im Johannesevangelium, 8,33, 35

»Nicht wir sündigen, sondern eine uns nicht weiter bekannte Macht in uns.«
Augustinus, Bekenntnisse, um 400 n. Chr.

»Die Menschen täuschen sich darin, dass sie sich für frei halten; und diese Meinung beruht ausschließlich darauf, dass sie sich ihrer Handlungen bewusst sind und die Ursachen nicht kennen, von denen sie bestimmt werden.«
Bento (Baruch) de Spinoza, Ethik Teil II;
35. Lehrsatz, 1677

»Es ist für uns einerlei, ob wir den Verführer bloß in uns selbst oder auch außer uns setzen, weil die Schuld uns im letztern Falle um nichts minder trifft.«
Immanuel Kant, Religion innerhalb der Grenzen der
bloßen Vernunft, 1793

»Derjenige, welcher etwa, um eine unrechte Tat zu entschuldigen, sagt: so bin ich nun einmal, ist sich doch wohl bewusst, dass er durch seine Schuld so ist, so sehr er auch recht hat, dass es ihm unmöglich gewesen, anders zu handeln.«
F.W.J. Schelling, Über das Wesen der menschlichen Freiheit, 1808

»Wie an dem Tag, der dich der Welt verliehen,
Die Sonne stand zum Gruße der Planeten,
Bist alsobald und fort und fort gediehen
Nach dem Gesetz, wonach du angetreten.
So musst du sein, dir kannst du nicht entfliehen.«
Goethe, Urworte Orphisch, 1818

»Sind einem Menschen, unter gegebenen Umständen, zwei Handlungen möglich, oder nur eine? – Antwort aller Tiefdenkenden: Nur eine.«
Arthur Schopenhauer, Die beiden Grundprobleme, 1840

»Als ich in Jugendjahren
Noch ohne Grübelei,
Da meint ich mit Behagen,
Mein Denken wäre frei.

Seitdem hab ich die Stirne
Oft auf die Hand gestützt
Und fand, dass im Gehirne
Ein harter Knoten sitzt.

Mein Stolz, der wurde kleiner.
Ich merkte mit Verdruss:
Es kann doch unsereiner
Nur denken, wie er muss.«
Wilhelm Busch, 1904

»Die Willensfreiheit besteht darin, dass künftige Handlungen jetzt nicht gewusst werden können.«
Ludwig Wittgenstein, Tractatus logico philosophicus, 1921

»Ich bin weder ›frei‹, dem Schicksal meiner Klasse, meines Volkes, meiner Familie zu entgehen […] noch meine unbedeutendsten Neigungen oder meine Gewohnheiten zu besiegen. […] Ich muss mein Tun zwischen die Kettenglieder des Determinismus einfügen.«
Jean-Paul Sartre, Das Sein und das Nichts, 1943

»Zu wissen, ob der Mensch frei ist, interessiert mich nicht. Ich kann nur meine eigene Freiheit beweisen.«
Albert Camus, Der Mythos von Sisyphos, 1943

»Der Mensch ist nicht frei von Bedingungen, sondern nur frei, zu ihnen Stellung zu nehmen.«
Viktor E. Frankl, 1970

»Negierung der Willensfreiheit spricht gegen alle eigene Alltagserfahrung.«
Hans Lenk, 2004

»Der Mensch ist nicht frei, er ist determiniert.«
Markowitsch/Siefer, Tatort Gehirn 2007, stellvertretend für andere Neurobiologen.

»Von Natur aus ist der Mensch weder gut noch böse, sondern macht nur, was ihm sein biologischer Imperativ gebietet. Was soll ihm da noch Moral?«
Franz M. Wuketits, 2010

Es sieht wirklich nicht gut aus mit unserer so direkt empfundenen Willensfreiheit, doch es gibt einen Ausweg. Die Schopenhauer'sche Grundsatzfrage aus seiner Preisschrift über die Freiheit des Willens: »Kannst du wollen, was du wollen willst?« darf uns nicht belasten. Für sie gibt es keine realistische Antwort und dennoch müssen wir den Skeptikern in dieser Hinsicht widersprechen:

Wir sind zur Freiheit verurteilt, dass wir sie wirklich haben, ist damit nicht gesagt. Mit dieser Dialektik müssen und können wir leben.

Mit anderen Worten: Der Mensch ist gezwungen, sich zu fühlen und zu verhalten, wie wenn er wirklich frei wäre. Ob das Rätsel einer solchen Inkonsequenz jemals gelöst werden kann, nachdem seit vielen Jahrhunderten Theologen, Philosophen und Dichter und später auch Juristen, Psychologen und Neurologen sich vergeblich um eindeutige Forschungsergebnisse bemüht haben, ist mehr als zweifelhaft.

Unser Strafrechtssystem setzt die Willensfreiheit, von Ausnahmen abgesehen, zwingend voraus. Wäre es anders, müssten die Strafgerichte abgeschafft und durch Erziehungsheime oder Ähnliches ersetzt werden. Dies fordert niemand. Geht man von der Determiniertheit, also der völligen Abhängigkeit des Menschen von vorausgegangenen, meist nicht beeinflussbaren Faktoren aus, dann trifft ihn auch keine Schuld und somit kann er nicht bestraft werden. Doch irgendetwas stimmt da nicht. Sind wir wirklich determiniert? Da wehrt sich unser Inneres. Was hat es damit auf sich?

Der Mensch hat, auch wenn er in Versuchung gerät, immer noch eine Wahlfreiheit, die er verantworten muss, und wer fürchtet, er sei vom Teufel geritten, muss schleunigst abspringen, auch wenn er dabei nicht sanft ins Gras fällt. Das ist möglich: Angst hat schon manchen potenziellen Straftäter abgeschreckt. Entwaffnend offen äußerte sich ein jugendlicher arabischer Vergewaltiger vor Gericht, wie die Berliner Jugendrichterin Kirsten Heisig (1961–2010) in ihrem Buch »Das Ende der Geduld« berichtet. Der junge Mann sagte: »Im Libanon hätte ich das nicht gemacht. Da hätte man mir ja den Schwanz abgeschnitten.« Damit ist zwar nicht unbedingt gesagt, dass im Libanon von der Justiz solche Strafen verhängt und vollzogen werden. Immerhin zeigt eine solche Äußerung, dass die für deutsche Verhältnisse entwickelten Strafmaßnahmen bei Tätern aus dem arabischen Kulturkreis anscheinend nicht abschreckend wirken. »Die hiesige Werteordnung ist ihnen gleichgültig.« (Heisig) Der Junge hatte also eine Wahl! Er lebte nur im »falschen« Land, in einem Land, in dem die Freiheit eines der höchsten Güter ist.

Die Freiheit, sosehr wir sie fordern, ist auch eine Last. Die Unterstellung eines freien Willens ist eine die menschliche Kultur begründende Entscheidung, sie war es, die den Weg aus dem Tierreich, aus dem wir letzten Endes stammen, ermöglichte. Der mit seinen Mitmenschen in Gemeinschaft lebende Mensch ist dazu verurteilt und zugleich freigesprochen, mit der Willensfreiheit zu leben. Das klingt nicht nur paradox, das ist es auch. Mögen die Forscher in unseren Köpfen herumstochern, so viel sie wollen, das Problem »Freiheit und Determination« lässt sich weder mit naturwissenschaftlichen noch mit logischen Werkzeugen befriedigend lösen. Wir müssen deshalb auch denen widersprechen, die im Menschen nur ein etwas höher entwickeltes Tier sehen, das nicht anders kann, als seinem »biologischen Imperativ« zu folgen. Wenn wir versagen, dann versagen wir als Mensch und nicht als schuldunfähiges Tier. Für uns Menschen gilt daher nicht der *biologische,* sondern der *ethische* Imperativ, nur so können wir die uns geschenkte Menschenwürde verdienen.

Wir setzen mit dieser faktisch seit Urzeiten akzeptierten Einstellung einen Grundstein in die Welt, auf dem wir unser von der Zivilisation geprägtes Menschsein bauen. Vielleicht dürfen wir die unser Leben erst lebenswert machende und zugleich verpflichtende Willensfreiheit einfach als »Gnade« empfinden. Dieser Begriff stammt aus einem logikfernen Bereich und sollte daher nicht definiert werden. Wer nicht mehr die innere Freiheit verspürt, für seine Zukunft durch sein eigenes Verhalten verantwortlich zu sein, könnte in Passivität und Resignation verfallen. Das dürfen wir nicht zulassen. Wir dürfen unsere Hoffnungen in die Hand nehmen und uns zugleich dem Geschick anvertrauen.

Doch in diesem Zusammenhang tut sich das alte Grundproblem wieder auf: Wie halten wir es mit dem Bösen, mit dem Teufel, der uns in Beschlag nimmt und unsere Bosheit provoziert? Seine größte List ist dieselbe wie schon im Paradies: Er verführt und betrügt den Menschen, doch er nimmt die Schuld nicht auf sich. Es gibt Situationen, in denen wir zur Schlange sagen müssen: »Behalt deinen sauren Apfel, meine Willensfreiheit will ich nicht von dir beziehen, sie wurde mir von Anfang an geschenkt.« Nur unter dieser Annahme, und sei sie auch zehnmal von der Forschung in rein naturwissenschaftlicher Hinsicht widerlegt, können wir aktiv dazu beitragen, uns für ein friedlicheres Miteinander in dieser Welt einzusetzen.

Fazit:

Die menschheitsalte Frage bleibt uns erhalten: Hat der Mensch einen freien Willen?

Die meisten Denker und Forscher halten den Menschen nicht für frei, sondern für determiniert. Wer oder was uns bestimmt, ist damit nicht gesagt.

Die menschliche Willensfreiheit, mag sie auch auf unbeweisbaren Unterstellungen beruhen, ist die Grundlage der Ethik, jeder gesellschaftlichen Ordnung und der Motor des kulturellen Fortschritts. Wir müssen sie unserem Denken und Handeln zugrunde legen.

Der Mensch, der sich dem Diktat teuflischer Einflüsse beugt, bleibt dafür normalerweise selbst verantwortlich. Er muss sich gegen das unentwirrbare Netz von Abhängigkeiten, in die wir geraten, wehren, sobald er erkennt, in ihnen dem Bösen zu dienen. Er wird daran gemessen, inwieweit ihm dies gelingt.

Fünfte Strategie
Das Kampfgeschehen analysieren

Von den unendlich vielen Mitteln und Wegen, mit denen es dem Teufel gelingt, auf die Menschen einzuwirken, werden hier sechs typische Formen des Bösen skizziert:
- die direkte Brutalität,
- das in technischen Systemen verborgene Böse,
- die Denkverschleimung durch Informationsüberhäufung,
- Menschen, die sich gezwungen sehen, in ihrer Situation böse zu handeln,
- der Umgang mit dem zur messbaren Größe degradierten Mitarbeiter und
- politische Systeme, die die »kleinen Leute« unterdrücken.

Der tapfere Barbier und der Böse

Oft zeigt sich das Böse in seiner nackten Brutalität, ohne Versuchung, Hinterhalt und Tricks. In der folgenden Geschichte geht es nicht um Despoten und Diktatoren als Staatenlenker, die Demokratie und Gleichberechtigung verachten, Menschenrechte nur für sich selbst und ihre unmittelbaren Schützlinge fordern und die ansonsten ihre

133

Schreckensherrschaft mit allen Gewaltmitteln durchsetzen. Solche Herrscher hat es zu allen Zeiten gegeben und ihre Zeit ist noch längst nicht vorbei. Verbrecherorganisationen zwingen durch ihre Machenschaften ganze Regionen in die Armut und verhindern die staatlichen Versuche, die Ordnung herzustellen. Sehr eindrucksvoll schildert Roberto Saviano (geb. 1979) in seinen Büchern und Berichten solche Zustände – er muss aus diesem Grund ständig unter Polizeischutz leben. In seinem Heimatort kann er sich nicht mehr sehen lassen, er gilt unter dem Einfluss der dort herrschenden Geheimorganisation als Verräter. Geistige Unterstützung durch seinen Staatspräsidenten erhält er ebenfalls nicht. Dieser kritisiert den im Ausland anerkannten und für seinen Mut geehrten Autor als eine Art »Nestbeschmutzer«, zumindest in dieser Hinsicht im Einklang mit dem machtvollen Verbrechersyndikat.

Saviano berichtet, wie sich diese Herrschaft in einer abgelegenen Kleinstadt auswirkt. Antonio C. ist der absolute Herrscher in seiner Region, seine Allmacht steht über den bescheidenen Versuchen des Staates, dort die Ordnung einigermaßen herzustellen. Der Boss heißt im Dialekt seiner Gegend »o Malomm«, der Böse, aus dem Lateinischen malus homo – böser Mensch. Dieser besucht in Crispano einen Friseursalon. O Malomm als mächtiger »Fürst« erwartet von allen gnadenlose Unterwürfigkeit und verlangt deshalb, dass ein Kunde, der sich mit eingeschäumter Backe gerade rasieren lässt, aufspringt, um dem feinen Herrn den Vortritt zu lassen. Der Friseur hindert seinen Kunden daran und sagt, Antonio C. müsse warten, wie die andern auch. Dieser verlässt darauf höhnisch lachend das Geschäft. Kurze Zeit später wird der Salon das Opfer einer Brandstiftung, sein Inhaber brutal verprügelt und anschließend wird er gezwungen, sich vor dem Boss dafür zu entschuldigen, dass er lebt und überhaupt auf der Welt ist, eine besonders schlimme Art der Demütigung (Die Zeit 14,11). Die Polizei ist machtlos, auch sie hat Angst. O Malomm macht seinem Namen alle Ehre.

Im Unterschied zu anderen teuflischen Ereignissen, zeigt sich »der Böse« hier in uneingeschränkter Sicherheit. Es kostet keine Mühe, ihn zu durchschauen. Der Hintergrund besteht darin, dass der Böse hier die Macht hat, sein Herrschaftsgebiet unangefochten von staatlicher Macht in Angst und Schrecken zu versetzen. Die Zivilcourage des Einzelnen wird, zumindest in seinem Umfeld, nicht nur nicht anerkannt, sondern eher als törichte Verwegenheit angesehen. Vermutlich trägt sie nicht dazu bei, die Schreckensherrschaft, die dort herrscht, einzudämmen. Leider erfahren wir von Saviano in diesem Zusammenhang nicht, was weiterhin mit dem tapferen Barbier geschehen ist. Die Bevölkerung in solchen Gegenden ist gespalten in die von der Geheimorganisation Abhängigen, die ihr freiwillig oder unfreiwillig dienen, und den andern, die wohl oder übel eingeschüchtert leben müssen und die Zustände nur hinter vorgehaltener Hand kritisieren.

Wege zur technischen Diktatur

Im Gegensatz zur offenen Brutalität greift der Teufel auch zu raffinierteren und schwerer durchschaubaren Methoden, er treibt sein Unwesen in der modernen Technik, auch wenn diese dem Guten dienen soll. Nichts fürchten autoritäre Regime mehr als die nur schwer kontrollierbare Kommunikation ihrer Bürger über das Internet und seine

Verästelungen – wie etwa Facebook. Eine Diktatur alten Stils wird auf diese Weise erschwert, wenn nicht sogar verhindert, was sich in der Zukunft erweisen könnte. Dank dieser Möglichkeiten ist Bewegung in verkrustete Machtstrukturen gekommen, deren allmähliche Auflösung erst im Anfang ist. Es ist leichter, eine Zeitung zu verbieten oder eine Rundfunkanstalt zu schließen, als das weltweite Internet regional auszuschalten, obwohl es auch immer wieder gemacht wird. Die teilweise segensreiche Wirkung dieser für die Menschheit völlig neuen Kommunikationsmöglichkeit muss anerkannt werden. Doch solche Vorteile werden ins Gegenteil geführt durch die derzeit noch kaum eindämmbare Macht, die Menschen durch ihre Datensucht gefangen nimmt. Nicht das Bier ist böse, nicht der, der es trinkt, sondern die Sucht ist es, die einen Menschen zerstören kann. Dies gilt auch für den Umgang mit der Mitteln der Informationstechnologie (IT). Da deren Produkte und Möglichkeiten neu sind in der Geschichte der Menschheit, müssen völlig neue Strategien entwickelt werden, um ihre Übermacht in angemessenen Grenzen zu halten. Ob und inwieweit das gelingen wird, muss sich zeigen. Die neuen Wege sind vielseitig, sie hier alle zu erfassen ist nicht möglich – hier folgen nur einige Beispiele:

• Der unüberschaubare und daher unkontrollierbare Geldtransfer durch Knopfdruck in Sekundenschnelle ermöglicht völlig undurchschaubare Geldgeschäfte mit riesigen Summen. Private und im Auftrag von Banken handelnde Kriminelle können so ganze Volkswirtschaften ruinieren.

• Es entstehen global operierende Verbrechersyndikate, die sich der jeweils neuesten und teuersten Kommunikationsmethoden bedienen.

- Neue Techniken ermöglichen es auch, die Freiheit immer weiter einzuschränken, z. B. dadurch, dass Mitarbeiter eines Unternehmens mittels des Mobilfunknetzes von ihren Vorgesetzten jederzeit geortet und überwacht werden können. Der total kontrollierte Mensch gerät so in die Realität der einstigen Zukunftsvision George Orwells in seinem Roman »1984«, aus dem das Schlagwort »big brother is watching you« stammt.
- Das Gefährlichste an diesen Möglichkeiten ist die Anonymisierung des Bösen. Wo man einst mit offenem Visier vor seinem Gegner stand, muss jetzt mit rufmordenden Heckenschützen gerechnet werden. Schon Schüler lernen, wie sie unbeliebte Lehrer oder Mitschüler verunglimpfen können. Da der Angegriffene nicht zurückschlagen kann, führt das manchmal bei ihm zu dauerhaften seelischen Verletzungen und Narben. Es hat auch schon auf diese Weise verursachte Selbsttötungen gegeben. Solche Angriffe beschränken sich nicht nur auf den privaten Bereich, es können auch durch gezielte politische und wirtschaftliche Fehlinformationen wichtige Entscheidungen beeinflusst werden. Es brechen Informationskriege zwischen ungleichen Gegnern aus, weil man Angriffe aus dem Hinterhalt nicht auf gleiche Weise abwehren kann.
- Hierher gehören auch Angriffe durch Hacker, die sich ganz bewusst dem Bösen verschrieben haben und durch Computerviren ganze Netze zerstören und damit unermessliche wirtschaftliche Schäden verursachen. Die Möglichkeit von Cyber-Kriegen mit nicht absehbaren Folgen rückt näher.

Der schnelle internationale Umgang mit Kapitaltransaktionen ermöglicht einen neuen Kolonialismus, der es reichen Nationen oder Investoren ermöglicht, sich riesige Landflächen in Entwicklungsländern anzueignen, um dadurch die Landwirtschaft zu Lasten des Landes in ihre Gewalt zu bringen. Landwirtschaftliche Produkte und Produktionsmethoden werden patentiert, sodass die meist armen Landwirte gezwungen sind, die Erzeugnisse von Monopolunternehmen wie Saatgut und Düngemittel nach deren Preisdiktat einzukaufen. Es wird sogar versucht, neu gezüchtete Tierrassen patentieren zu lassen. Ein ähnlicher Kolonialismus besteht im (privatwirtschaftlichen) Erwerb von Gebieten mit Bodenschätzen, zu deren Ausbeutung die Entwicklungsländer noch nicht in der Lage sind. Wenn sie dann erwachen, ist es zu spät, weil ihnen die Hände gebunden sind, sofern sie nicht die ausländischen Investoren enteignen. Doch dies würde für das Land unabsehbare wirtschaftliche Nachteile mit sich bringen. Nachdem im 20. Jahrhundert der traditionelle Kolonialismus überwunden wurde, geraten zunehmend Entwicklungsländer unter die raffgierigen Hände neuer Herren. Neue Konflikte bahnen sich an.

Menschliche und technische Informationsverarbeitung

Das Böse versucht, uns von der menschlichen Umwelt zu trennen, indem es uns in eine Scheinwelt zu führen versucht. »In leeren Köpfen hat nichts Platz.« Mit dieser Sentenz meinte der österreichisch-amerikanische Biochemiker und Philosoph Erwin Chargaff (1905–2002) Köpfe, in denen mangels geeigneter Assoziationsmuster und Denkfelder neues Wissen nicht verdaut werden kann und daher zu geistiger Verfettung führt. Doch gleichzeitig muss man auch scheinbar im Gegensatz dazu sagen: »In überfüllten Köpfen hat nichts Platz.« Wissen, das auf uns einströmt, muss verarbeitet werden, um es nutzbar zu machen. Das braucht seine Zeit. Doch was geschieht, wenn eine ununterbrochene Flimmerwelt auf uns einstürzt und ständig neue Bilder erzeugt? Die Probleme im Zusammenhang mit dem übermäßigen Fernsehgebrauch durch Jung und Alt wurden und werden in den letzten Jahren immer wieder diskutiert. Hier geht es nur darum, inwieweit das Böse hier mit im Spiel ist. Für Deutschland veröffentlichte die Bundeszentrale für gesundheitliche Aufklärung folgende Daten über den empfohlenen und wirklichen Umgang der Kinder mit dem Fernsehen:

Alter (Jahre)	Empfohlener (täglicher)	tatsächlicher TV Konsum
0 bis 2	20 Minuten	58 Minuten
3 bis 5	30 Minuten	75 Minuten
6 bis 9	60 Minuten	92 Minuten
10 bis 13	90 Minuten	108 Minuten

Die hier genannten Zeiten erscheinen recht großzügig, vermutlich sind sogar sie schon schädlich. In einer anderen Veröffentlichung fordert diese Bundeszentrale: Fernseher gehören nicht ins Kinderzimmer; Kinder unter drei Jahren sollen nicht fernsehen; Kinder brauchen klare und konsequente Regeln für den Umgang mit dem Fernsehen. Doch eine der ersten Ursachen für den Fernsehmissbrauch durch Kinder sind die Eltern selbst. Sie machen es ihren Kindern vor, wie man mit dem Fernseher umgeht, denn solange sie selbst am Bildschirm kleben, haben sie keine Zeit, sich mit ihren Kindern abzugeben, und auch nicht, sie bei ihrer Freizeitverunstaltung anzuleiten und zu kontrollieren. Das Fernsehen ist immer noch das einfachste Instrument, quengelnde und herumtobende Kinder ruhigzustellen. Dass Jugendliche ab vierzehn Jahren ebenso durch Fernsehmissbrauch gefährdet sind, erwähnt diese Studie nicht.

Marianne Wasserburger, die immer wieder für ihre vielerlei Leseinitiativen ausgezeichnete Inhaberin einer Baden-Badener Kinderbuchhandlung, sagte in einem Interview: »Wer einen Fernseher ins Kinderzimmer stellt, begeht Mord an der Kinderseele.« Das ist ziemlich hart gesagt, doch die glanzlosen Ergebnisse für Deutschland bei verschiedenen internationalen Leistungsvergleichen, insbesondere bei der Kompetenz in Lesen und Textverständnis, belegen den Trend, dass der Mediengebrauch von Kindern in den letzten Jahren messbar zugenommen hat. Es erscheint geradezu paradox: Liebe und wohlgesinnte Eltern betätigen sich, wenn sie den übermäßigen IT-Konsum ihrer Kinder zulassen oder fördern, als Hilfspersonal des Teufels.

Das Problem sind nicht die Medien als solche, sondern die Zeit, die dadurch für unmittelbar menschliche Kontakte mit anderen, insbesondere auch in der Familie verloren geht, wenn man im Übermaß am Bildschirm klebt. Hier zeigt sich folgendes Problem: Die Evolution hat Mensch und Tier mit Organen der Verdauung und solchen zur Ausscheidung von unverdaulichen Ballaststoffen versehen. Dass man auch Organe für die Entsorgung des Medienmülls brauchen würde, hat sich im Lauf der Evolution noch nicht gezeigt bzw. noch nicht zu einer diesem Zweck dienlichen Genmutation geführt. Was die Natur

140

nicht macht, muss der Mensch künstlich erzeugen. Doch wo bleiben die Forschungen für Informationsballasttoiletten? Hier wäre ein nobelpreisverdächtiges Feld für neue Forschungen.

Die gefährliche Täuschung durch das Böse in der Bildschirmwelt besteht in einem monumentalen Betrug, auf den die meisten hereinfallen. Sie gaukeln dem Nutzer eine Welt vor, die so nicht existiert, und eine Teilhabe am Geschehen, selbst wenn der Betrachter weiß, dass sich alles ohne ihn abspielt. Eine uneinmischbare Gegenwart verdrängt ihn in eine Passivität, in der er im wahrsten Sinne des Wortes keine Rolle mehr spielt. Er stellt sich selbst ins Abseits und lässt sich zum anonymen Teil einer Einschaltquote herabwürdigen. Was als Chance einer Teilnahme betrachtet wird, ist in Wirklichkeit eine Trennung. Es ist schließlich ein Unterschied, ob man bei einem Spiel zuschaut oder selbst mit anderen Menschen spielt.

Im Grunde gilt dies natürlich auch für das Lesen von Büchern und Zeitschriften oder für das Kino, denn auch dort wird mitunter eine Zauberwelt vorgeführt. Doch solche Medien fordern eigene Aktivität. Selbst das Lesen, das gelegentlich auch zur Sucht werden kann, fordert den Menschen zur Mitwirkung auf, und bestehe sie nur darin, den Text in innerliche Bilder umzusetzen. Der Kinobesuch ist immerhin eine mehr oder weniger große Unternehmung. Das Böse besteht im passiv genossenen Übermaß, weil Informationen im Menschen nicht ausreifen können. Das Gehörte und Gesehene muss im Kopf Platz suchen und finden. Die Überhäufung mit Informationen im weitesten Sinne führt zur Denkverschleimung. Man meint, alles zu wissen, und hat doch nichts verstanden, weil das Zusätzliche uns daran hindert, über das Vernommene nachzudenken. Wir verspielen so die Zeit, die wir brauchen, um uns neue Assoziationsmuster zu schaffen.

Fazit:

Die Technik bietet keinen Ersatz für den kreatürlichen Umgang der Menschen miteinander.

Wir müssen uns darüber im Klaren sein, dass wir die Möglichkeiten der technischen Informationsverarbeitung nur nutzen können, so weit sie uns nicht daran hindern, die menschlichen zu aktivieren.

Wenn Informationen im Übermaß auf uns einstürzen, können sie nicht verdaut werden und führen nicht zur Denkbereicherung, sondern zur Denkverfettung.

Der Direktor mit dem schlechten Gewissen

Menschen, die selbst das Böse nicht wollen, geraten mitunter in Zwänge, in denen sie dem Teufel dienen müssen. Über die Praxis der gegenwärtigen Wirtschaft wird viel geklagt. Doch was nützt das Klagen, wenn die geistigen Hintergründe dieses Problems nicht analysiert werden? Inwieweit ist der Mensch, der im Interesse eines Wirtschaftsunternehmens arbeitet, für sein eigenes Verhalten verantwortlich?

Der schon eingangs zitierten Roman »Nachtflug« von Antoine de Saint-Exupéry (»Vol de Nuit«, 1931) endet mit den Worten: »Rivière der Große, Rivière der Siegreiche, der die Last seine Sieges trägt.« Dieser »Sieger«, Chef eines argentinischen Flugunternehmens, hatte durch sein einzig und allein am Geschäftserfolg orientiertes Verhalten in einer Nacht indirekt den Tod seines besten Piloten verursacht, weil dieser trotz eines drohenden Taifuns starten musste, und außerdem den wirtschaftlichen Ruin eines seiner erfahrensten Monteure veranlasst, dem ein einziger Montagefehler vorgeworfen wurde. Eigentlich möchte Rivière ein guter Mensch sein, doch das gelingt ihm im konkreten Fall nicht. Gleichzeitig wird ihm bewusst, wie Fehlverhalten zustande kommt. »Der eigentlich Schuldige ist nicht der Mensch, sondern eine dunkle Macht, die man nicht trifft.« Doch die verständnisvolle Anwandlung, seinen Untergebenen gegenüber gerecht und mitfühlend zu sein, unterdrückt er bei sich selbst. Rivière, ein Mensch mit Herz und Mitgefühl, handelt als kalter, rücksichtsloser Manager. Er ist einem Zwang unterworfen, der ihn anders handeln lässt, als sein Inneres ihm sagt.

Gilt das, was Rivière fühlt, ganz allgemein? »Der eigentlich Schuldige ist nicht der Mensch, sondern eine dunkle Macht.« Diese Erzählung steht stellvertretend für die zahlreichen Fälle im modernen Management, in dem der kurzfristige, sofort feststellbare Erfolg alles zu bedeuten scheint und der rücksichtsvolle Umgang mit Menschen nichts gilt. Mitmenschen werden nicht zum »Mitsubjekt« im gemeinsamen Handeln, sondern sie sind nur noch ein Kostenfaktor, den es zu minimieren gilt. Dabei geht es nicht nur um einen einzelnen Arbeiter wie bei dem argentinischen Flugunternehmen, sondern in der heutigen Wirtschaft um Hunderte oder Tausende, deren Existenz mit einem Federstrich vernichtet werden kann. Rivière macht sich sorgenvolle Gedanken über sein Verhalten, denn seine Siege belasten ihn seelisch. Seine Herzschmerzen, die Saint-Exupéry beschreibt, könnte man nach heutigen Begriffen als Herzinfarkt deuten. Solche Menschen sind im derzeitigen Wirtschaftsgefüge in manchen Unternehmen nicht mehr tragbar, denn es genügt oftmals nicht, einfach nur hart und rücksichtslos zu entscheiden, man muss auch gesund dabei bleiben; anders gesagt, die Härte darf einen nicht kaputt machen. Ein schlechtes Gewissen kann einem den Schlaf rauben und ist gesundheitsschädlich. Immerhin: Albert Schweitzer hätte denen, die nicht spüren, was sie anrichten, ins Stammbuch geschrieben: »Nie dürfen wir abgestumpft werden. In der Wahrheit sind wir, wenn wir die Konflikte immer tiefer erleben. Das gute Gewissen ist eine Erfindung des Teufels.« (»Kultur und Ethik«, 1923)

Das teuflisch gute Gewissen breitet sich aus, wenn es nicht mehr um Menschen geht, wie in dieser Geschichte, sondern nur noch um Geld und Gier. Doch diese Änderung des Verhaltens hat einen Hintergrund: Es ist die lehrbare, kalte Rationalität.

Der berechnete Mensch

»Daran erkenn ich den gelehrten Herrn!
Was ihr nicht tastet, steht euch meilenfern,
Was ihr nicht fasst, das fehlt euch ganz und gar
Was ihr nicht rechnet, glaubt ihr, sei nicht wahr,
Was ihr nicht wägt, hat für euch kein Gewicht,
Was ihr nicht münzt, das, meint ihr, gelte nicht!«

Fallen die »gelehrten Herren« auch heute noch auf dieses zynische Rezept des Mephisto im »Faust II« herein? So sieht es aus: Der Teufel vergiftet das Klima in der Wirtschaft und vergiftet die Handelnden mit einer nur am Geld messbaren Rationalität. Wer sich heraushalten will, muss bereit sein, auf finanzielle Vorteile zu verzichten.

Im 20. Jahrhundert gab es auf wirtschaftswissenschaftlichem Gebiet eine vorher nie da gewesene Wissensexplosion. Der dieser Entwicklung Rechnung tragende, nachträglich von der Schwedischen Reichsbank gestiftete Nobelpreis für Wirtschaftswissenschaften wurde 1969 erstmals verliehen. Die 67 Preisträger bis 2010 waren mit einer Ausnahme nur Männer. Unter diesen waren rund 70 Prozent US-Amerikaner; aus dem wirtschaftlich erfolgreichen Deutschland gab es bislang einen Preisträger. Die erste Frau, die einen Wirtschaftsnobelpreis erhielt, war 2009 die Amerikanerin Elinor Ostrom. Besonders aufschlussreich ist die Tatsache, dass von den 67 Preisträgern 58 Mitglieder (87 Prozent) aus der »Econometric Society« hervorgegangen sind (Zahlenangaben nach Wikipedia). Dies bedeutet: Ausgezeichnet wurden und werden in erster Linie Forschungsergebnisse, die auf mathematischen und statistischen Modellen beruhen, was die Messbarkeit der wirtschaftlichen Arbeit voraussetzt. Je ausgeklügelter das System mit dem Computer dargestellt werden kann, desto wissenschaftlicher, also besser erscheint es. Aus der mit unsicheren Faktoren arbeitenden Wirtschaftswissenschaft wurde eine Möchtegernexaktwissenschaft und an die Stelle der im Wirtschaften hilfreichen Erfahrung, Weisheit und Einsicht trat ein professorales Theoretikum.

Dennoch, der Versuch ist gründlich misslungen. Die Propagandisten dieser Art von Wissenschaft ignorierten weitgehend den Einfluss menschlicher Emotionen auf Entscheidungen in Politik und Wirtschaft, insbesondere auch auf ihr Verhalten an der Börse. Auf diesem Gebiet können selbst die genialsten »Ökonometriker« nichts messen. Die hochgelobte Rationalität ist in vieler Hinsicht nur ein Hirngespinst, dessen böse Folgen noch längst nicht völlig absehbar sind. Die Qualität der Produkte, ihre Sicherheit, aber auch die Sicherheit am Arbeitsplatz und die Menschlichkeit, die darin besteht, die Mitarbeiter nicht nur als Objekt, sondern als aktive Mitsubjekte zu behandeln, lassen sich nicht auf einen Nenner bringen. Also müssen solche unberechenbaren Faktoren dort ausgeklammert werden, wo mathematisch darstellbare Methoden verherrlicht werden. Erfassbar sind letzten Endes nur die Geldmengen, die hin und her fließen, soweit sie sich an die zugewiesenen Kanäle halten und nicht nebenbei versickern. Doch solche Utopien scheitern zum Glück immer wieder an der harten und oft banalen Realität, die Krisen und Wirtschaftskatastrophen aus dem Ärmel schüttelt, die nicht im Voraus datierbar sind. Dass man, zwei Generationen nach seinem Tod, Alfred Nobel zum Paten eines Preises machte, der in vieler Hinsicht das Gegenteil von seinem einstigen Bestreben bewirkte, fiel bis jetzt nur wenigen auf. Hans Küng schreibt zu Recht: »Modernes naturwissenschaftliches und technologisches Denken hat sich von Anfang an als unfähig erwiesen, universelle Werte, Menschenrechte, ethische Maßstäbe zu begründen.« (»Weltethos«) Der zum Kostenfaktor degradierte Mensch, wird nicht mehr als Mensch behandelt, er wird zu Tode gerechnet. Im Übrigen: Ethik lässt sich nicht in Geld umrechnen. Wer es dennoch versucht, etwa nach dem Motto, mit moralischem Handeln kann man den Erfolg steigern, denkt auch wieder nur ans Geld und nicht an die Moral. Moral ist kein Mittel zum Zweck, sondern eine verinnerlichte Grundeinstellung.

Ein Übermaß an sachorientierter Rationalität halten viele Mitarbeiter in Großunternehmen nicht aus. Wer den Menschen berechnet, rechnet nicht mit ihm, sondern über ihn hinweg. Es geht ja nicht nur um das Geld, es geht ums schnelle Geld. Der Erfolg muss sichtbar sein, sobald man ihn anzettelt. Wer ihn langfristig anpeilt, hat keine Chance. Der Teufel ist ein Feind der Geduld, er ist ein Hektiker. Doch solche ständigen Zwänge halten Menschen auf die Dauer nicht aus. Wer es da nicht schafft, sein Herz erkalten zu lassen, dem versagt es den Dienst. Soweit sie das natürliche Streben ihrer Mitarbeiter nach Mitmenschlichkeit und menschlichen Maßen missachten, haben solche Unternehmen auf die Dauer keine Überlebenschance. Kein System kann auf Gemeinschaftsgefühl im Arbeitsleben verzichten, auch wenn sich dieses nicht berechnen lässt. Statt aller preisgekrönten Themen könnte man versuchen zu ermitteln, wie groß die Papierkörbe sein müssten, in die man alle Produkte von gefühlsarmer und praxisferner Wirtschaftstheorie werfen sollte. Wer meint, in der Hochfinanz herrsche die Hochintelligenz, irrt sich. Dort herrschen wie überall evolutionär ererbte Stammesriten, die nur selten von zivilisatorischen Gepflogenheiten eingedämmt werden. Die Eigenschaften aus dem Urwald zeigen sich in der Praxis, wie das vom New Yorker »Wall Street Journal« berichtete Verhalten von Großbanken. Im Auftrag des US-Kongresses wurde ein umfangreicher Bericht über die Ursachen der Wirtschaftskrise im Jahr 2008 erstellt. Dem kann man Erstaunliches entnehmen.

Von 2003 bis 2007 wurde der Beruf des Hypothekenmaklers in den Vereinigten Staaten große Mode. Unter denen, die den Beruf mit dem schnellen Geld neu ergriffen, so stellt der Bericht fest, waren 10 500 der Finanz-Akquisiteure mit krimineller Vergangenheit belastet. Dazu gehören 4065, die schon einmal wegen Betrugs, Bankraubs, organisierter Kriminalität oder Erpressung verurteilt worden waren. Den führenden Bankern muss dies bekannt gewesen sein, doch die auf Kundenfang eingesetzten Gangster brachten Umsatz, und das genügte; ihr Vorleben war Nebensache. Die Banker wussten, dass man in diesem Geschäft mit ehrlichen Vertretern keinen Gewinn machen kann. Da muss eine richtige Goldgräberstimmung geherrscht haben. Der Chef der US-Finanzaufsicht wird mit den Worten zitiert: »Jeder wusste doch, dass es eine Immobilienblase gab. Es war kein verstecktes Problem.« Die Verantwortlichen waren jedoch nicht bereit, auf Warnungen zu hören. Denn die gab es auch, es läuft ja nicht jeder mit einer goldenen Binde vor den Augen herum. Gewissenhafte und mutige Mitarbeiter bei den Großbanken warnten intern vor den skrupellosen Machenschaften, die eines Tages zu riesigen Verlusten führen würden. Sie wurden entweder nicht gehört oder entlassen. Ein führender Mitarbeiter der Citigroup, der sein Unternehmen vor den Kreditrisiken gewarnt hatte, wurde kaltgestellt. Seine Abteilung wurde von 220 auf zwei Mitarbeiter zusammengestrichen. Ratingagenturen, die nachweislich und wissentlich die Kreditwürdigkeit von Investoren oder Bauunternehmen falsch, nämlich zu optimistisch eingeschätzt hatten, wurden von Gerichten nicht verantwortlich gemacht, denn solche Bewertungen seien als »freie Meinungsäußerung« von der Verfassung geschützt. Das heißt mit anderen Worten: Der Betreiber einer privaten Agentur, der die Bonität eines Unternehmens im Zusammenwirken mit diesem absichtlich falsch »einschätzt«, wird in den USA nicht wegen Betrugs verurteilt! Auch dann nicht, wenn viele, die ihm geglaubt hatten, um ihr Vermögen gebracht wurden. Viele Banken wollen die Lehren, die sich aus diesem im Auftrag des Kongresses erstellten Bericht ergeben, nicht akzeptieren und ihr Geschäft im bisherigen Stil fortsetzen. Wo es um Geld und Macht geht, hat die Ethik ebenso wenig zu sagen wie der Staat und die Kunden. Gegen die Gier hilft keine Moral, es sei denn, man setze die von ihr Befallenen auf die Straße.

Edzard Reuter war von 1987 bis 1995 Vorstandsvorsitzender der Daimler Benz AG. Zu seinem Buch »Stunde der Heuchler« gab er zahlreiche Interviews. In einem dieser Gespräche sagte er: »Der ehrbare Kaufmann war über mehrere Jahrhunderte hinweg das Selbstverständnis verantwortlichen Wirtschaftens [...], man kannte die Grenzen für die eigene Bereicherung, die zum Beispiel dadurch gezogen werden, dass man sich über das eigene Wohl hinaus einer allgemeinen Verantwortung für das Wohl der Allgemeinheit verpflichtet fühlt.« (Publik-Forum 3/11) Dies zeigt, wie der egoistische Partikularwille über den Allgemeinwillen gestellt wird, was zur Spaltung der Gesellschaft beiträgt, ein Hauptziel des Teufels.

Die »kannibalische« Ordnung

Der Schweizer Wirtschaftskritiker Jean Ziegler, der neun Jahre lang Sonderberichterstatter der UNO für das Recht auf Nahrung war, spricht von einer »kannibalischen Weltordnung des Finanzkapitals«, die nicht verhindert, dass täglich rund 47 000 Menschen in der Welt verhungern. In Lateinamerika herrschen nach wie vor Zustände, die zu einer unüberbrückbaren Kluft zwischen Bettelarm und Steinreich führen. Priester und Landarbeiter, die gegen die ungerechten Verhältnisse von Unterdrückung und Ausbeutung kämpfen, wurden und werden meist im Auftrag der Großgrundbesitzer oder Finanzgewaltigen umgebracht, viele verschwinden sang- und klanglos. Dies alles ist längst bekannt, ohne dass in manchen Ländern eine Änderung eingetreten wäre.

Kämpfer für die Rechte der meist wenig gebildeten und unterdrückten indigenen Bevölkerung kommen vor allem aus dem Teil der katholischen Kirche, der sich ohne Unterstützung durch die geistliche Hierarchie der offiziellen Kirche für eine »Theologie der Befreiung« einsetzt wie der brasilianische Erzbischof Helder Camara (1909–1999) und der für die unterdrückte Landbevölkerung kämpfende Erzbischof in El Salvador Oscar Romero, der am 24. März 1980 nach einer Messe ermordet wurde. Das Verbrechen wurde nie aufgeklärt, immerhin hat sich dreißig Jahre danach der Staatspräsident von El Salvador dazu bekannt, dass der Staat mit den »Todesschwadronen« die unbequemen Gegner der damaligen Machtelite beseitigt hatte. Im Hintergrund von zahlreichen Morden an Priestern und Freiheitskämpfern, die ohne offizielle finanzielle Hilfen agieren müssen, standen und stehen wirtschaftliche Interessen der (Geld-)Mächtigen, die den Staat indirekt in der Hand halten. Die auf die Einhaltung der Menschenrechte im Nahen und Fernen Osten so genau achtenden Vereinigten Staaten sahen hier keinen Anlass, sich für die demokratischen Rechte in lateinamerikanischen Staaten zu engagieren. Im Gegenteil, sie haben die Diktatoren, soweit sie sich offiziell zur amerikanischen Politik bekannten, unterstützt.

Fazit:

Das Ziel des Teufels wird erkennbar: Er trennt die Menschen, um chaotische Verhältnisse unter den Menschen zu schaffen. Seine Methode besteht darin, Menschen mit folgenden Eigenschaften in seinen Dienst zu stellen:

- *Er kennt nur seine eigenen Interessen und Wahrheiten.*
- *Er richtet über andere nur nach seinen eigenen Maßstäben.*
- *Er hat kein Gewissen.*
- *Er behandelt alle Menschen nur als ein seinem Willen unterworfenes Objekt.*
- *Er kennt kein Mitgefühl.*
- *Er verbreitet menschliche Kälte.*
- *Er hält den Menschen für eine berechenbare Größe und behandelt ihn dementsprechend.*
- *Er spaltet menschliche Gemeinschaften.*
- *Er spiegelt uns eine Scheinwelt vor.*
- *Er verwirrt das Informations- und Beziehungsgeflecht, sodass es unüberschaubar wird und die Verantwortung des Einzelnen nicht mehr festgestellt werden kann.*
- *Er trennt die Menschen vom Universalwillen und von Gott.*

Sechste Strategie

Abwehrkräfte entwickeln und trainieren

Eine hinterhältige geistige Macht lässt sich mit materiellen Waffen nicht besiegen. Den tausend Listen des Teufels müssen wir mit mindestens tausendundeiner List begegnen. Dennoch, wer vom Bösen unmittelbar angegriffen wird, darf und muss sich wehren. Dies ist ein natürliches Recht aller Menschen, das uns keiner streitig machen kann. Von dieser Art der Verteidigung ist in diesem Buch kaum die Rede, denn die direkte Abwehr ist oft unwirksam und auf die Dauer aussichtslos. Das Böse kann man auf solche Weise allenfalls vorläufig zurückdrängen, seine Macht lässt sich dadurch jedoch nicht brechen.

Wir müssen dem Teufel dort entgegentreten, wo er verletzlich ist, d.h., wir müssen ihm die Zugänge verwehren. Denn wo er nicht vordringen kann, kann er uns nicht treffen. Das Böse lässt sich nicht ausrotten, denn der Teufel ist ein treuer und unersetzlicher Partner und »Alter Ego«, also ein anderes, dunkles Ich der Menschheit, er lauert überall. Dennoch dürfen wir ihm nicht unterliegen, denn wenn wir ihm den kleinen Finger bieten, nimmt er bekanntlich die ganze Hand. Wir sind ihm nicht hilflos ausgeliefert. Was wir gegen ihn tun können, soll hier an einigen wenigen Beispielen gezeigt werden. Sie wirken nie auf die Schnelle, sie zielen darauf ab, dem Teufel das Handwerk zu legen.

Wirke auf das, was noch nicht da ist

Laotse sagt im 63. Spruch des Taoteking: »Plane das Schwere, solange es leicht ist.« Und im 64. Spruch setzt er noch eins drauf, er fordert das schier Unmögliche: »Wirke auf das, was noch nicht da ist, ordne das, was noch nicht in Verwirrung ist.« Dies war schon im China des vierten vorchristlichen Jahrhunderts eine absurd erscheinende Forderung. Sie zu verwirklichen ist das Schwierigste an der Geschichte, denn wenn einer vor etwas warnt, was die andern noch nicht sehen, wird er nicht für einen Propheten gehalten, sondern einfach für verrückt erklärt. Doch es ist nicht unmöglich. Zwei mutige Amerikanerinnen haben es gewagt und wirksam gegen böse Zustände gekämpft und gewonnen. Dem Schicksal, für mutiges Auftreten zunächst verunglimpft zu werden, ist die Biologin und Autorin Rachel Carson (1907–1964) nicht entgangen. Als ihr Buch »Der stumme Frühling« 1962 erschienen war, hielten namhafte Chemiker ihre Thesen von der Gefährdung der gesamten Natur durch den Einsatz von Pestiziden in der Landwirtschaft für abartig und geradezu hysterisch. Tatsächlich lebt die von ihr bis zum Jahr 2000 totgesagte Natur immer noch ziemlich munter. Doch Carsons Buch wurde ein Welterfolg und rund vierzig Jahre nach Rudolf Steiners Idee vom biologisch-dynamischen Landbau war es eine der wichtigsten Grundlagen der modernen Bio-Landwirtschaft und der gesamten Umweltbewegung, deren Bedeutung noch immer zunimmt.

Eine andere Amerikanerin hatte schon rund hundert Jahre zuvor eine politische Bewegung ins Rollen gebracht: Harriet Beecher-Stowe (1811–1896), deren Roman »Onkel Toms Hütte«(1852) durch seinen Millionenerfolg ein wichtiger Beitrag zur Abschaffung der Sklaverei in den USA wurde.

Das Böse nimmt überhand, wenn man es nicht rechtzeitig bemerkt. Die hier genannten Autorinnen kämpften gegen etwas, was in der Gesellschaft noch allgemein anerkannt war. Sie spürten es auf und machten auf Missstände aufmerksam, die andere zuvor in ihrer Tragweite noch nicht wahrgenommen hatten. Doch sind es nicht nur spektakuläre Zustände, auf die der Mensch aufmerksam machen und gegen das Böse vorgehen kann. Das Gespür dafür, sie zu erkennen, ist nicht systematisch erlernbar. Vielleicht könnte man es so umschreiben: Man muss versuchen, in der Stille das sanfte Rauschen des Bluts der Welt zu vernehmen. Es verschafft und stärkt unser Gefühl für die Begrenzung und Verantwortung gegenüber Welt und Umwelt. Es zeigt uns die menschliche Verantwortung jedes Einzelnen. Es lässt uns den Allgemeinwillen auch dort erahnen, wo die Allgemeinheit noch von ganz anderen Dingen träumt. Wer versucht, solche Andeutungen wirklich klar und gewissermaßen programmierbar darzustellen, gerät an die Grenzen der Sprache.

Das Maß erkennen

Ein autokratisch geführtes Unternehmen wird aufgrund seines großen Erfolgs immer wieder gerühmt. Doch dann verführt der wirtschaftliche Aufstieg seinen Herrscher dazu, seine bisherigen Methoden ins Maßlose zu erweitern. Da er seine Produktionsstätten nicht mehr vergrößern kann, versucht er, seinem Imperium andere Firmen hinzuzufügen. Dafür nimmt er in großen Mengen Fremdkapital auf. Bei diesem Handel, der seinen bisherigen Erfolg noch vermehren sollte, übernimmt er sich und ruiniert dabei sein eigenes von ihm zur Blüte geführtes Unternehmen. Diese hier skizzierte Geschichte wiederholt sich in ähnlicher Weise immer wieder. Es ist das Scheitern an der Ambivalenz des Guten.

Die oft unlösbare Verbundenheit des Guten mit dem Bösen hindert alle Patentrezepte am Funktionieren, denn der Teufel liebt pro forma auch das Gute. Eigentlich hat er die gleichen Ziele wie wir, nur verdunkelt er uns das Maß, nämlich das Gefühl zu wissen, wann wir etwas nicht fortsetzen können. In seinem Namen darf alles gerühmt werden, was wir anstreben: Fortschritt, Sicherheit, Technik, Vermögen, Ordnung, Besitz, Wahrheit, Effizienz, Eifer, Genauigkeit, Wirtschaftlichkeit, ja sogar die Liebe. Das Böse liegt natürlich nicht in diesen Werten, sondern darin, sie oder einen davon zum Selbstzweck zu erheben und im Übermaß zu verfolgen. Dies ist die perfideste List des Bösen. Eine Bewegung in Richtung auf das Erstrebenswerte macht sich selbstständig, gerät außer Kontrolle und wirkt weiter, wenn die Grenze des Guten erreicht ist. Man spricht vom Optimum, übersieht es und strebt nach dem Maximum, dessen Schädlichkeit man erst erkennt, wenn es außer Kontrolle geraten ist und nicht mehr eingedämmt werden kann. Doch wer definiert das Optimum im Einzelfall?

Das rechte Maß zu erkennen und zu beachten ist eine der klassischen Tugenden, deren Anwendung nie berechnet werden kann. Dazu sind selbst die Herren von der »econometric society« nicht in der Lage. Dagegen spricht die Erfahrung, die Laotse im 44. Spruch empfiehlt:

»Bei allzu vielem Sammeln ist sicher großer Verderb. Weiß man sich zu begnügen, gibt es keinen Mangel. Weiß man haltzumachen, kommt man nicht in Gefahr!«

Es geht darum, die Kunst des rechtzeitigen Anhaltens zu erspüren und zu verinnerlichen, lehr- und lernbar ist sie nicht. Doch ein aufmerksames Betrachten des Geschehens in der Welt und in unserem Umfeld kann uns Erfahrungen vermitteln, die wir einsetzen können, um uns und vielleicht auch andere zu warnen, wenn das Optimum überschritten wird. Das Maß zu erkennen ist vermutlich auch ein Aspekt einer gewissen Genügsamkeit, die sich beim Einschwingen auf den Universalwillen von selbst ergibt.

Den Kampf wagen, auch wenn er absurd erscheint

Wer sich aufmacht, das Böse zu vernichten, sollte lieber gleich zu Hause bleiben und nachforschen, wo es in ihm selbst steckt, dort finden die schwierigsten Kämpfe statt. Die abgeschlagenen Drachenköpfe wachsen nach und die Sagen, in denen der Drache endgültig besiegt wurde, sind Wunschträumen entsprungen. Immerhin, wer sich frei fühlt, kann losmarschieren, auch wenn er nicht weiß, wo er landen wird, denn: »Alle großen Taten und alle großen Gedanken haben in ihren Anfängen etwas Lächerliches.« Wenn man diesen Gedanken von Albert Camus weiterspinnt, dann landet man nicht bei groß angelegten und gut geplanten Schauplätzen, sondern auf beiläufigen und scheinbar zufälligen Randgebieten. Es geht nicht nur um heldenhafte Großeinsätze, denn auch bei der Bewältigung des Alltagskrams fordert uns das Böse immer wieder heraus, um es zu erkennen und zu vermeiden. Manche sind erfolgreich nach dem Motto: »Ich marschiere mal drauflos und lasse mich überraschen, welches Ziel mir geschenkt wird.«

Wie können wir über einen Kämpfer denken, der von vornherein weiß, dass er nie Erfolg haben kann? Wir müssen auch ihn als einen Helden ansehen. Diese These ist das große Thema im Werk von Albert Camus (1913–1960). Sein Held Sisyphos ist die bekannte griechische Mythengestalt. Der Arme war verurteilt, einen Stein den Berg hinaufzuschieben, der dann jedoch immer wieder, kaum ist das Ziel erreicht, hinunterrollt. Sisyphos gibt nicht auf und versucht es immer wieder. Der ständige Kampf ohne endgültigen Erfolg ist ein allgemein menschliches Phänomen, es beherrscht uns alle: Es ist die ewige Wiederholung, die scheinbar nichts bleibend bewegt. Sie ist auch die Herausforderung für den Doktor Rieux im Roman »Die Pest«. Die Seuche, die die algerische Stadt Oran heimsucht, ist das Böse, gegen das Rieux Tag und Nacht kämpft, ohne sich je bewusst zu fragen, ob es einen Sieg geben könnte. Im Gespräch sagt er:

»Ich glaube, ich habe keinen Sinn für Heldentum und Heiligkeit. Was mich interessiert, ist, ein Mensch zu sein.«

Dieser Arzt lebt und leidet mit seinen Mitmenschen, er erhebt sich nicht über sie, sondern fühlt sich mit ihnen verbunden. Die Pest spaltet die Bewohner der Stadt in Kranke und nicht Kranke. Rieux überbrückt diese Kluft. Er ist ein Eroberer, der nichts erobern will, nur seine Trägheit muss er besiegen. In seiner Schrift über den Mythos von Sisyphos erklärt Camus, wie er das meint:

»Die Eroberer wissen, dass ihre Tat an sich nutzlos ist. Es gibt nur eine nützliche Tat. Die den Menschen und die Erde verbessert.«

Doch dieses hohe Ziel erschien ihm im Moment des Schreibens vermutlich dann doch etwas zu idealisiert, sogleich holt er seine eigene Aussage in die absurde Wirklichkeit zurück:

»Ich werde nie die Menschen verbessern. Aber man muss so tun, als ob.«

Dies ist für Camus die ständige absurde Auflehnung gegen das Böse; und die gefährlichste Entscheidung für einen Menschen wäre die Resignation, das Gefühl, es hat ja alles doch keinen Wert. Sich aufzugeben wäre ein »philosophischer Selbstmord«. Diesen lehnt Camus ausdrücklich ab, denn man muss »der Welt so oft wie möglich ins Auge sehen«, man muss sich ihr stellen und darf nicht aufgeben, auch wenn der Erfolg ausbleibt. Das Tun-als-ob, von dem Camus spricht, darf uns nicht irritieren. Vielleicht wäre es besser zu sagen: Es ist ein Handeln, das nicht danach fragt, ob sich uns ein Erfolg zeigt oder nicht. Dennoch gab und gibt es immer wieder Menschen, die den schier aussichtslosen Kampf gegen das Böse geführt und ihre immer wiederkehrenden Zweifel überwunden haben.

Sich vom Teufel fernhalten und den Ausstieg wagen

Es geht hier um den Ausstieg. Einen tatenlosen Kampf führt, wer sich angesichts des Bösen in eine seelische Geborgenheit begibt, zu der der Teufel noch nie Zutritt hatte. Ein Beispiel dafür lieferte Johann Franck (1618–1677). Er war Rechtsanwalt und Bürgermeister der Stadt Guben an der Neiße. Nebenher dichtete er auch geistliche Lieder. Sein berühmtestes Lied »Jesu meine Freude« entstand noch unter dem Eindruck des Dreißigjährigen Kriegs. Er beschreibt, wie ein Mensch in Gefahr sich im Glauben geborgen fühlen kann. In einem der Liedverse sang er auf eine Melodie von Johann Crüger:

»Trotz dem alten Drachen,
trotz dem Todesrachen,
trotz der Furcht dazu!
Tobe, Welt und springe;
ich steh hier und singe
in gar sichrer Ruh.«

Johann Sebastian Bach hat in einer Motette zu diesem Text den Gegensatz zwischen der »tobenden Welt« und der »sicheren Ruh« auf geniale Weise im Chorsatz dargestellt. Es ist eine alte Erfahrung: Wer singt, wehrt das Böse von sich ab, er schafft sich einen »teufelfreien« Bereich. Schon kleine Kinder singen manchmal, wenn sie Angst haben. Auch wenn es ein unspektakulärer Kampf ist, verändert er doch das Verhältnis zur Welt; diese erscheint in einem bergenden Licht – und wenn es auch vielleicht nur für kurze Zeit ist. Niemand kann messen, wie Musik ganz allgemein

Menschen beruhigen und aufbauen kann. Dies ist kein absurder Kampf, denn ein unspektakulärer Sieg ist immer gewiss. Wer singt und musiziert, braucht kein Ziel, es verschwindet aus der Ferne und wird gegenwärtig.

Weitere Beispiele für die Fernhaltung der »tobenden Welt« sind Meditation, Versenkung in Kunst und Literatur, in die Pflege eines Gartens, in eine kreative Arbeit, in das Betrachten einer erwanderten Landschaft und manches andere. Es geht um das Erlebnis einer seelischen Zuflucht.

Ein Beispiel, wie dieser seelische Abstand dazu beiträgt, das Leiden selbst unter den schlimmsten Verhältnissen als sinnvoll zu erleben, zeigte der Wiener Professor für Psychiatrie und Neurologie Viktor E. Frankl (1905–1997), der als Jude das Konzentrationslager durch sein Vertrauen auf den Sinn des Lebens überstehen konnte. In seinem Buch »… trotzdem Ja zum Leben sagen« schrieb er: »Wenn Leben überhaupt einen Sinn hat, dann muss auch Leiden einen Sinn haben.« Der Mensch sei das Wesen, das die Gaskammern erfunden hat, sagt er und fügt hinzu: »Zugleich ist er auch das Wesen, das in die Gaskammern gegangen ist aufrecht und ein Gebet auf den Lippen.«

Schwierig ist nicht nur ein solch privater innerlicher »Ausstieg« aus aufgezwungenen Nöten, sondern auch der aus einer uns beherrschenden Gruppe. Ein Jugendlicher erkennt, dass in seinem Freundeskreis mit Rauschmitteln experimentiert werden soll. Als er sagt: »Da mache ich nicht mit«, erregt er Empörung und wird ausgeschlossen. Seine Versuche, sich den Freunden wieder anzuschließen, ohne an ihren gefährlichen Versuchen teilzunehmen, scheitern. Er wird regelrecht gemobbt, er empfängt verunglimpfende E-Mails. Einer seiner Freunde will ebenfalls nicht bei diesem »Abenteuer« mitmachen, findet aber nicht die Kraft, sich loszusagen, weil er die Ablehnung durch die andern fürchtet. Später stellt sich heraus, dass er bei dem ersten Rauschgiftkonsum teilgenommen hatte und lange Zeit in der Gefahr schwebte, abhängig zu werden. Andere landen auf diese Weise in der Drogenszene.

Der Ausstieg aus der Gruppe kostet seelische Kraft. Doch er muss gewagt werden, wenn die Gruppe, der man angehört, sich auf den Abgrund zubewegt. Manchmal ist er so gefährlich, wie der Absprung aus einer schnellen Fahrt. Auch hier besteht die Kunst darin, das Abkippen der Gruppe in das Böse rechtzeitig zu erkennen und den Ausstieg zu wagen oder zu erkämpfen.

Auf das Vorbild der kampflosen Kämpfer achten

Über dem Westportal der Westminster Abbey in London ist ein großer »gotischer« Figurenfries angebracht. Er stammt nicht, wie man anhand der Darstellung zunächst meinen könnte, aus dem Mittelalter, sondern erst von 1998. Er ist zehn Märtyrern des 20. Jahrhunderts gewidmet. Bei der Auswahl hat man nicht auf Religion oder Konfession geachtet, sondern auf ihr Leben und den »Blutzoll«, mit dem es endete. Was diese Menschen verbindet, ist etwas geradezu Paradoxes: Sie hatten nur eine Waffe, nämlich ihren eisernen Willen, der jedoch nicht, wie normalerweise, vom Ich, sondern von der Sache getragen war, für die sie sich einsetzten. Sie haben geführt ohne Führungsanspruch, sie haben sich eingebracht ohne Rücksicht auf einen persönlichen Erfolg. Sie lehnten jede Gewaltanwendung ab, auch wenn es ihnen nicht immer gelang, ihre Mitstreiter davon abzuhalten. Ihr Erfolg zeigte sich teilweise erst nach ihrem Tod, doch ihr Sieg ist von Dauer, auch wenn er nur darin bestehen sollte, dass ihr Andenken die Nachwelt ermutigt, sich mit Leib und Seele für eine gute Sache einzusetzen und dabei keine Gefahr zu scheuen.

Von den zehn Märtyrern über dem Westminster-Portal sind einige auch in Deutschland bekannt geworden.

• Maximilian Kolbe war ein polnischer Franziskanerpater, der 1941 in Auschwitz nach vierzehn Hungertagen durch eine Giftspritze ermordet wurde. Er hatte in Polen Verfolgten, insbesondere auch Juden, Zuflucht gewährt. Im KZ opferte er sein Leben für einen Mithäftling. Dieser überlebte und konnte 1982 bei der Heiligsprechung Kolbes noch anwesend sein.

• Martin Luther King wurde am 4. April 1968 bei einer öffentlichen Rede erschossen. Am Tag zuvor hatte der Methodistenpastor über eine Vision öffentlich gesagt: »Ich habe das Gelobte Land erblickt, ich fürchte den Tod nicht.« Wegen seiner gewaltfreien Proteste gegen die Rassendiskriminierung in den USA war er mehr als dreißigmal inhaftiert, er hatte tätliche Angriffe und einen ersten Mordanschlag überlebt, nicht den zweiten. Dank seines Einsatzes wurde die Rassentrennung in den USA gesetzlich aufgehoben und das Wahlrecht auch für Schwarze eingeführt.

• Dietrich Bonhoeffer war evangelischer Theologe und ein führendes Mitglied der »Bekennenden Kirche«, die sich tatkräftig von den an die Nazi-Ideologie angepassten

162

Kirchenoberen und Kirchenmitgliedern abgrenzte. Bonhoeffer hatte vielfältige Beziehungen zur Widerstandsbewegung im Krieg und versuchte über internationale Kontakte (von 1933 bis 1935 hatte er in London gewirkt) Deutschland vom Krieg zu befreien. 1940 erhielt er Redeverbot und 1941 Schreibverbot. Als er nach dem gescheiterten Attentat auf Hitler vom 20. Juli 1944 in den Verdacht kam, die Männer um Stauffenberg unterstützt zu haben, wurde er in einem Scheinprozess zum Tode verurteilt und einen Monat vor Kriegsende im KZ Flossenbürg erhängt.

• Der oben schon vorgestellte Oscar Romero wurde am 24. März 1980 während einer Predigt ermordet. Romero war zum aktiven Anhänger der sogenannten »Befreiungstheologie« geworden, die er bis zuletzt, auch in seiner Eigenschaft als Erzbischof von El Salvador, in Mittelamerika vertreten hat. Er engagierte sich gegen die Unterdrückung der armen Bevölkerung durch die von den USA beratene und unterstützte Militärdiktatur in seinem Land. Er prangerte Wahlfälschungen, Korruption und Morde an Widerständlern unter den Kleinbauern an. Bei den »Todesschwadronen«, zu denen seine Mörder gehörten, fand man Preislisten, nach denen ein ermordeter Bauer weniger einbrachte als der Tod eines Geistlichen.

In dieser Galerie des 20. Jahrhunderts fehlt einer, der ein einst unvorstellbares Werk vollbracht hatte, die Befreiung Indiens vom britischen Kolonialismus. Seine Ehrung an einer Kirche wäre jedoch in England nicht ohne Widerstand akzeptiert worden. Es ist Mohandas Karamchand

Gandhi, der unter dem Namen Mahatma (große Seele) Gandhi bekannt geworden ist. Er wurde, achtundsiebzigjährig, am 30. Januar 1948 von einem fanatischen Hindu während eines öffentlichen Gebets ermordet. Gandhi hatte sich für die Gleichberechtigung der in Indien verbliebenen Moslems eingesetzt. Außerdem musste er die Abtrennung Pakistans als eigenen Staat hinnehmen. Dies empörte viele Inder. Gandhis Kampf sollte auf gewaltfreie Weise, ohne blutigen Bürgerkrieg, lediglich durch den von ihm organisierten passiven Widerstand geführt werden. Gelegentliche Ausschreitungen auf beiden Seiten konnte er nicht verhindern, immerhin wurde ein blutiger Bürgerkrieg durch seinen Aufruf zu passivem Widerstand vermieden. Seine Gegner konnten ihn trotz zahlreicher Repressalien und Haftaufenthalte von seinem langjährigen Lebenswerk nicht abhalten. Gandhi gehörte der weit verzweigten Hindu-Religion an, war jedoch während seines Studienaufenthalts in England auch mit dem Christentum vertraut geworden. Jesus hatte gesagt: »Selig sind die Sanftmütigen, denn sie werden das Erdreich besitzen.« Gandhis Leben zeigt, dass diese Predigt sich realisieren lässt.

Sich den scheinbaren Zwängen entziehen

Es geht hier nicht nur um die bekannt gewordenen Kämpfer gegen Gewalt und Unterdrückung, sondern auch um die Unzähligen, die sich nicht den allgemein herrschenden Zuständen und Meinungen anpassen. Wenn es darum geht, den Universalwillen zu respektieren, so darf dieser nicht mit der jeweils vorherrschenden Meinung gleichgesetzt werden. Der Universalwille liegt auf einer höheren Ebene als das, was die jeweilige Mehrheit will. Wer ihm dient, klinkt sich aus manchem gesellschaftlichen Zwängen aus. Man denke zum Beispiel an die Menschen, die unter Gefahr für ihr eigenes Leben während der Nazizeit einzelnen Juden das Überleben ermöglicht haben. Erwähnt werden müssen die vielen sozialen Hilfen in Nachbarschaft und Gemeinde, von denen kaum jemand in der Öffentlichkeit spricht und deren Initiatoren sich damit wirksam gegen den durch die Werbung gepriesenen Trend zum eigenen Genuss und Vergnügen wehren. Es gibt viele, die sich weigern, Fernsehsendungen anzuschauen, die ständig von Werbung unterbrochen werden, weil sie sich nicht zum Objekt der Werbewirtschaft machen lassen wollen.

Das Böse in der Welt kann ein Einzelner zwar niemals überwinden, dennoch zeigen die hier erwähnten Beispiele, was ein Mensch mit stark ausgeprägter Ausstrahlung bewirken kann.

Das Schweigen brechen

Wenn die Krise naht, muss man über sie sprechen, nur so kann man gegen sie wirksam vorgehen. Schweigen kann tödlich sein.

Ein über lange Jahre erfolgreicher Fußballverein trudelt in einer Saison in den Abgrund. Er verliert fast jedes Spiel, obwohl er einen erfolgreichen und teuren Spitzenstar in seine Mannschaft neu aufgenommen hatte. Der Niedergang schlich sich ein, als der gefeierte Star immer wieder erkennen ließ, mit ihm sei der Erfolg gesichert, er sei es, der hier, wie in der Vergangenheit bei einem anderen Verein,

165

die Tore schießen werde. Man war stolz auf ihn. Das lief dann zunächst tatsächlich so, doch dann blieben die Erfolge zunehmend aus. Dem Trainer fiel erst nach einer Serie verlorener Spiele auf, was die Ursache war. Keiner in der Mannschaft war sich bewusst, dass die versteckte und verdrängte Eifersucht auf den Neuen schuld an den Misserfolgen war, sie beeinflusste unbemerkt die Spiele. Man könnte diesen Sachverhalt so deuten: Der Mannschaftsgeist war durch den Neuen beschädigt worden, was jedoch erst bemerkt wurde, als es zu spät war. Bevor der Trainer reagieren konnte, wurde er abgelöst, man sah in ihm den Schuldigen. Als sein Nachfolger endlich erkannte, dass einige Spieler unmerklich resigniert hatten, war der Abstieg nicht mehr zu vermeiden. Im Nachhinein sagten manche, sie hätten die Ursache schon längst erkannt, doch hatten sie nicht den Mut, über sie zu sprechen, aus Angst, andere zu verunsichern. Doch gerade das hätten sie tun müssen, denn mit Offenheit kann man das Böse am ehesten besiegen. Der Teufel versteckt sich oft hinter den Verdrängenden und Schweigenden.

Der Soziologe und Philosoph Niklas Luhmann (1927–1998) sagte einmal: »Ein soziales System kann nicht denken, ein psychisches System kann nicht kommunizieren.« Hat er damit recht? Angesichts dessen, was wir in Befragungen, bei Wahlen, beim Fernsehkonsum, im Kaufverhalten oder wie hier im schweigenden Verein und manch anderem beobachten können, muss man diese These bezweifeln. Das soziale System reagiert wie ein lebender Organismus, in dem so etwas Ähnliches wie ein Denk- und Kommunikationsprozess stattfinden muss, auch wenn er keinem bewusst wird und wir ihn nicht entdecken und nachvollziehen können. Das Böse treibt die Herde, d. h.

166

eine Gruppe von der Familie bis zum Volk nicht einfach auseinander, sondern bekämpft sie durch verschiedene Strategien, die alle darauf hinzielen, das Gemeinsame aufzulösen und damit den Zusammenhalt zu sprengen. Das Schweigen ist ein Kampfmittel des Bösen, es gipfelt in der Antwortlosigkeit. Die Sprache lässt es erkennen: Der Verantwortungslose gibt keine Antworten, weil er sich hinter seinem Schweigen verbergen will. Er bricht den Kontakt ab und vertieft damit die Kluft zu denen, die das Recht haben, ihn zu fragen. Wer dies erkennt, muss das Schweigen brechen. Nur wenn wir offen miteinander reden, können wir Gräben überbrücken.

Menschliche Kontakte fördern

»Wenn Jugendliche Freude an der Musik empfinden, beginnt für sie ein völlig neues Leben.« Dies sagte der aus Venezuela stammende Dirigent Gustavo Dudamel (geb. 1981). Er äußerte dies aus eigener Erfahrung, nachdem er in seinem südamerikanischen Heimatland ein System von Jugendorchestern gegründet hat und erfolgreich mit Jugendlichen musiziert, die sonst keine Mittel hätten, ein Instrument zu erwerben und Unterricht zu nehmen. Etwas Dementsprechendes unternimmt er in Los Angeles. Dudamel meint: »Viele Kinder hätten doch sonst kaum Zugang zur Kunst. Das liegt nicht nur an materieller Not, sondern auch an geistiger Armut, die leider auf der ganzen Welt verbreitet ist.« Es gibt eine vergleichbare Initiative mit Berliner Jugendlichen, die der Dirigent Sir Simon Rattle ins Leben gerufen hat.

Die Musik ist hier nur ein Beispiel. Es geht darum, Menschen in Initiativen dazu zu bringen, ihre Fähigkeiten zu fördern, ihnen Erfolgserlebnisse zu verschaffen und sie erfahren zu lassen, wie man sich in eine Gemeinschaft Gleichgesinnter einbringen kann. Solche Aktivitäten gibt es auch auf anderen Gebieten, zum Beispiel am gemeinsamen Wiederaufbau eines von Aufständischen zerstörten Dorfes unter erfahrener Anleitung eines engagierten Entwicklungshelfers oder auch im Sport. Die Zeiten des Übens, Trainierens, miteinander Spielens und Arbeitens fördern den Gemeinschaftssinn, der durch die elektronischen Medien niemals ersetzt werden kann. Menschen, die durch eine solche Gemeinschaft gegangen sind, haben größere Chancen, den Verlockungen der Unterwelt im weitesten Sinne zu widerstehen.

Es geht um die Einsicht, dass nicht nur die elterliche Erziehung, sondern auch die schulische, universitäre und die berufliche Ausbildung in erster Linie Menschensache ist. Lern- und Informationsprogramme am Computer sind nützlich und heute unverzichtbar. Doch andererseits ersetzen sie nicht den Kontakt von Mensch zu Mensch, selbst wenn er in überfüllten Hörsälen stattfindet. Es gibt immer wieder Lehrer, Ausbilder und Professoren, deren Ausstrahlung auf die Schüler überspringt. Sie vermitteln nicht einfach nur den Stoff, sie können auch davon berichten, wie sie selbst sich ihn angeeignet haben und wie man das neue Wissen im Leben einsetzen kann. Sie lassen erkennen, wo sie gezweifelt haben und wie sie Krisen während ihrer Ausbildung überwunden haben. Sie zeigen nicht mehr und nicht weniger als das eine: Ich bin ein Mensch und kein Systemvermittler.

Leider werden dem hier geschilderten Idealbild längst nicht alle Lehrer und Professoren gerecht. Maschinen

168

zweifeln nicht, allenfalls streiken sie, doch dies ist dann ein technisches Problem. Es geht darum, immer im Auge zu behalten, dass wir auch in Zukunft Menschen brauchen und nicht an die Maschinen angepasste Roboter in Menschengestalt. Der Mensch ist ein Wesen, das Geduld und Mitmenschlichkeit braucht. Woher soll ein Volk seine kreativen Köpfe in Forschung, Lehre, Kunst, Handwerk und Politik beziehen, wenn überall nur Menschen für Karrieren zur Verfügung stehen, die ihren Beruf von kalten Systemvermittlern erlernt haben. Wir müssen auf allen Ebenen Strukturen fördern und unterstützen, die nachfolgende Generation in das soziale Leben einzubinden versuchen. Wer andere vor gefährlichen Einflüssen schützen will, muss in der Erziehung folgende Ziele verfolgen:

- Jeder Mensch braucht zur Reifung und Haltgewinnung ein positives Selbstwertgefühl, das ihn aufrechterhält. Wir müssen es ihm vermitteln, soweit wir dazu in der Lage sind. Mit Fragen und Zuhören kann man schon vieles erreichen.
- Wir müssen seelische Orientierung im weitesten Sinne suchen und, wenn möglich, weitervermitteln, ohne andern damit lästig zu werden. Es genügt in dieser Beziehung oft schon, Vorbild zu sein. Mit dem Darlegen unseres Besserwissens ist selten etwas zu erreichen, allenfalls dann, wenn wir gefragt werden.
- Wir können versuchen, Menschen, die an ihrem inneren Vakuum leiden, behilflich zu sein. Dies gelingt uns nur mit aktiver Hilfe und Einbindung in soziale Strukturen, die ihnen persönlichen Einsatz und Bereitschaft zur Zusammenarbeit zeigen und abverlangen.

Sofern uns in dieser Beziehung etwas gelingt, haben wir dazu beigetragen, bei Menschen einen sonst sich öffnenden Zugang für das Böse zu verschließen.

Die Angst vor der anderen Wahrheit überwinden

Der Verlust einer festgefügten Meinung wird mitunter noch schmerzhafter empfunden als die Entdeckung des aufgeknackten Tresors nach der Heimkehr von einer Reise. Wir haben Angst vor dem Raub unseres Weltbilds. Doch wer bereit ist, sich sowohl über geistigen wie auch materiellen Besitz zu verständigen, kann dem Teufel ein Schnippchen schlagen.

Seit etwa 1990 wird auch in Deutschland zunehmend von Mediation als Mittel der Konfliktbewältigung gesprochen. An und für sich ist dies nichts Neues. Vermittlung durch Gespräche mit einem neutralen Dritten hat es schon immer gegeben. Neu sind die Versuche, das Mediationsverfahren zu formalisieren und eventuell auch zu professionalisieren. Dem dient auch eine gesetzliche Regelung in Deutschland. Das Ziel der Mediation ist die Konsensfindung, also mit den Gegnern möglichst eine Übereinstimmung in den strittigen Themen herbeizuführen. Vor allem kommt es darauf an, das gelegentlich emotional erhitzte Klima zu versachlichen, damit wirklich nur noch über die strittigen Punkte verhandelt und nicht die andere Person verunglimpft wird, wie es oft in Streitereien geschieht. Ohne ein versöhnliches Klima kann keiner der Partner dazu bewegt werden, zumindest auf einen Teil seiner strittigen Meinung zu verzichten. Es ist die Kunst eines guten und erfahrenen Mediators oder wie man den Vermittler auch immer bezeichnen will, eine gelöste Verhandlungsatmosphäre zu erzeugen. Bei Streitereien geht es ja schließlich nicht darum, einen Waffenstillstand herzustellen, sondern den dauerhaften Frieden.

Hier gibt es überall noch viel zu lernen. Wer z. B. die Protokolle von Bundestagsdebatten einsieht, bemerkt, wie viele der Abgeordneten die Kunst des sachlichen Argumentierens nicht beherrschen. In polemischen Verhandlungen hatte sich der Teufel schon seit Urzeiten etabliert und offensichtlich wohlgefühlt, zumal dann, wenn sie in einem Glaubenskrieg endeten. Wo Wahrheit auf Gegenwahrheit stößt, gibt es keine Kompromisse, sondern Streit. Keiner hat das Recht, einem andern dessen Wahrheit streitig zu machen, er kann allenfalls mit ihm darüber diskutieren. Wer dies einsieht, hat schon viel dazu beigetragen, die Welt friedlicher zu gestalten. Die Weisheit des friedensstiftenden Guten setzt voraus, zunächst einmal seine eigene Toleranz kritisch infrage zu stellen, um sie gegebenenfalls selbst zu stärken. Oft fällt es uns dann schon leichter, die Denk- und Lebenswelt des andern wahrzunehmen und zu verstehen. Es geht hier nicht um eine blinde Toleranz für alles Fremde und nicht um eine kritiklose Mitmenschlichkeit. Doch das Verständnis für das Andersartige gibt einem die notwendigen Informationen, um auch die als selbstverständlich angesehene eigene, gewohnte Denkwelt zu beleuchten. Sieht man sie im Licht anderer Kulturen, dann kann kritische Toleranz aufkommen. Unter ihr kann kein Glaubenskrieg im weitesten Sinne entstehen.

Seine Macht als Bürger wahrnehmen und einsetzen

Manchmal geht es darum, mit der schweigenden Mehrheit die redende Minderheit zum Schweigen zu bringen. Eine Lokalzeitung berichtete über eine Gemeinderatssitzung. Einer der vielen Tagesordnungspunkte behandelte ein Bauvorhaben. Ein Investor plant in einem stadtnahen Wald, der als Erholungsgebiet dient, ein groß angelegtes Vergnügungszentrum mit verschiedenen Restaurants der »Eventgastronomie«, einem Hotel, mit Kinos, Diskotheken und ähnlichen Geschäften zu errichten. Dazu sind selbstverständlich Hunderte von Parkplätzen geplant. Im Gemeinderat stimmt eine Mehrheit für das Unternehmen mit dem Hinweis, dass dort viele Arbeitsplätze entstehen und auch zusätzliche Einnahmen durch Gewerbesteuer zu erwarten seien. Die schweigende Mehrheit verhält sich dazu anfangs wie immer, sie schweigt. Die meisten hatten der Zeitungsartikel nicht gelesen oder nur überflogen. Doch nach wenigen Tagen erscheint in der Zeitung ein Leserbrief, der sich darüber beklagt, den Einwohnern dieses beliebte Waldgebiet zu einem großen Teil zu nehmen und ein ruhiges Wohnviertel mit dem Durchgangsverkehr zu belasten. Erst mit diesem Brief eines Einzelnen wird eine Lawine losgetreten. Es gründet sich eine Bürgerinitiative, deren Versammlungen großen Zulauf haben. Den Vertretern der Stadt, die das Projekt verteidigen müssen, gehen alsbald die Argumente aus. Ergebnis: Das Bauvorhaben wird fallen gelassen, der Wald dient nach wie vor der »eventfreien« Erholung, wenn man nicht ein gelegentlich zu erblickendes Reh, den Gesang der Vögel oder die Anemonenblüte im Frühjahr auch als »Event« ansehen will.

Hinter dem Einzelkämpfer, der den Leserbrief geschrieben hat, standen keine Partei und kein einflussreicher Verein, nur ein aufmerksamer und kritischer Leser eines ansonsten uninteressanten Berichts. Der einzelne Mensch ist nicht machtlos, doch er muss seine Stellung in der Gesellschaft als Bürger und Kunde selbst ausloten, verantworten und, wenn es darauf ankommt, gezielt einsetzen. Wer den Teufel hinter einer Sache erkennt, soll sich unpolemisch zu Wort melden, dort, wo er gerade Gelegenheit dazu hat, also nicht nur in der Zeitung, es kann schon ein Gespräch unter vier Augen sein.

Auch als Wähler hat jeder eine Waffe in Form eines Stimmzettels in der Hand, und Menschen, die auf die Stimmabgabe verzichten, können nicht verlangen, dass sie politisch ernst genommen werden. Wer behauptet, ihn würden alle Parteien ärgern, hat immer noch die Möglichkeit, die Partei zu wählen, über deren Erfolg er sich am wenigsten ärgern würde. Mit der Wahlbeteiligung zeigt jeder, dass er sich zu dem Volk, dem Land und zu der Stadt bekennt, die dafür sorgen, dass die Verkehrswege gepflegt und die sozial Schwachen nicht verhungert auf der Straße herumliegen wie in manchen Ländern der Erde. Schon vieles wäre zu erreichen, wenn es mehr »Mutbürger« gäbe, die ihre Meinung zu negativen Entwicklungen auch dann sagen, wenn es sie Überwindung kostet, weil sie damit anecken könnten. Wem das alles nicht ausreicht, kann sich notfalls als »Wutbürger« gerieren. Liegt das Böse im herrschenden System, ist es legitim, es mit gewaltigen, aber gewaltlosen Protesten zu bekämpfen.

Sein Ich erobern

Marcus Sieger aus Denkingen in Baden-Württemberg wurde 2010 zum »Sportbotschafter« bei den Olympischen und Paralympischen Spielen 2018 ernannt. Seit einem Fallschirmabsturz 1997 ist er querschnittgelähmt und auf den Rollstuhl angewiesen. Als er zwei Wochen nach dem Unfall in der Klinik in Tübingen aufwachte, war sein erster Gedanke: »So habe ich keine Lust mehr zu leben.« Zunächst konnte er nur den Kopf bewegen. Die Krankenschwester sagte: »An so einem Schicksal zerbricht man, oder man wird stärker.« Er beschloss, die zweite Alternative anzustreben. Später berichtet er: »Meine Freunde haben mich überallhin mitgezogen und gesagt, du bist der Gleiche wie vorher. Und irgendwann war es Normalität.« 2006 hat ihn ein Freund aufgefordert, an einem Training für Rollstuhl-Curling teilzunehmen. Inzwischen spielt er in der deutschen Nationalmannschaft und nimmt in ihr erfolgreich an Wettkämpfen teil, unter anderem 2010 bei den Paralympischen Winterspielen in Vancouver. Dreierlei ist hier hervorzuheben: Der eigene Entschluss, die Kraft, ihn durchzusetzen, und dann vor allem die Freunde, die einem immer wieder Mut machen können (Informationen aus dem Sportteil einer Lokalzeitung).

Auf dem Apollotempel in Delphi, dem altgriechischen Wallfahrtsort, war eine Inschrift mit den Worten »Erkenne dich selbst!« angebracht. Dies ist die erste Voraussetzung dafür, eine selbstbewusste und reife Persönlichkeit zu werden, die dem Bösen keine offenen Zugänge anbietet. Doch die Selbsterkenntnis allein reicht nicht aus, es muss aus ihr auch die Selbstbejahung und Selbstbeherrschung hervorgehen. Wenn es nicht gelingt, die Menschen zu verbessern, könnte das unter anderem eine Ursache haben: Man hat nicht bei sich selbst angefangen. Wer es aber schafft, das Böse aus sich selbst zu vertreiben, sich von einer Sucht oder auch nur von der eigenen Schwäche und Trägheit zu befreien, kann anderen beweisen, wie stark man den eigenen Willen einsetzen kann. Einen Anflug des Schwächegefühls oder der Resignation kann am ehesten überwinden, wer andere Menschen um sich hat, die einem durch ihre Teilnahme Kraft und Mut machen können.

Das Ich-Du-Prinzip realisieren

Auf der Grundlage des gemeinsamen Spiels kann man verstehen, was der Philosoph und Theologe Martin Buber (1878–1965) in seiner Schrift »Ich und Du« (1923) darstellte. Wie Schelling ging er davon aus, keiner dürfe des anderen Objekt sein, doch er ging noch einen Schritt weiter. Wenn zwei Menschen miteinander handeln, dann bilden sie eine Einheit. Nicht das Ich und das Du stehen sich gegenüber, sondern das Paar Ich-Du handelt gemeinsam. Es geht hier nicht speziell um eine Liebesbeziehung, sondern um ein natürliches Empfinden, wenn Menschen gemeinsam handeln. »Wenn Du gesprochen wird, ist das Ich des Wortpaars Ich-Du mitgesprochen.« Buber verdeutlicht dieses Prinzip in der Aussage: »Wer Du spricht, hat kein Etwas, hat nichts. Aber er steht in der Beziehung.« Im Schachspiel beispielsweise besteht die »Beziehung« aus dem gemeinsamen Spiel. Man sagt und denkt nicht »ich spiele«, sondern »wir spielen«, auch wenn es gewissermaßen ein Spiel auf Leben und Tod ist.

Diese Ethik bezieht sich nicht nur auf den Umgang der

Menschen untereinander, sondern auch auf den mit der Natur; sie ist gemeinsam mit dem Menschen ein Bestandteil der Schöpfung. Der Landwirt arbeitet, wenn er seinen Beruf richtig versteht, nie gegen die Natur, sondern gemeinsam mit ihr. Sein Werk und das der Natur bilden, so verstanden, eine Einheit. Es mag sein, dass dieses unbewusste Einheitsgefühl in früheren Generationen stärker entwickelt war als in der heutigen Zeit. Es wäre eine ethische Aufgabe, dieses Vertrauensverhältnis wieder zu stärken. Fehlt es und wird die Natur zum bloßen Objekt herabgewürdigt, besteht die Gefahr, dass die Natur auf diesen Undank reagiert, zum Beispiel mit der nachlassenden natürlichen Ertragsfähigkeit des Bodens, mit Schädlingsbefall durch die Vertreibung der Vögel aus der Natur und mit Stürmen, die durch Waldrodung nicht gezähmt werden. Diese Folgen fordern einen stärkeren Einsatz von chemischen Mitteln, die eine Vergewaltigung der Natur darstellen können. Es geht also nicht nur darum, Maßnahmen zu fordern, sondern darum, die Grundeinstellung selbst zu verändern.

Eine weltweit gültige Ethik unterstützen

Wie nahe sich Weltreligionen bei der Frage kommen, wie das Böse, das einem Menschen widerfährt, überwunden werden kann, zeigt der folgende Vergleich.

Buddha: »Wenn ein Mensch mir törichterweise unrecht tut, will ich ihm vergelten mit meiner willfährigen Liebe; je mehr Böses von ihm kommt, desto mehr Gutes soll von mir ausgehen.« (Dhammapada; Anthologie von dem Buddha zugeschriebenen Aussprüchen; 6. Jh. v. Chr.)

Laotse: »Vergelte Feindschaft mit Güte.« (63; ca. 6. bis 3. Jh. v. Chr.)

Jesus: »Liebet eure Feinde; segnet die euch fluchen; tut wohl denen, die euch hassen.« (Matthäus 5,44)

Paulus: »Vergeltet niemand Böses mit Bösem. Lass dich nicht vom Bösen überwinden, sondern überwinde das Böse mit Gutem.« (Römerbrief 12,17 und 21; 56 n. Chr.)

Koran: »Wehre das Böse ab mit dem, was das Beste ist. Und siehe, aus deinem Feind wird ein echter Freund werden.« (Sure 41,35; 7. Jh. n. Chr.)

Weltweit gibt es religions- und kulturübergreifend zahlreiche Übereinstimmungen in ethischen Fragen. Diesen Fundus an Gemeinsamkeiten gilt es zu ordnen und zu aktivieren. Die Hoffnung auf ein von allen Kulturen anerkanntes »Weltethos«, wie es der Tübinger Theologe Hans Küng vertritt, ist nicht aussichtslos. Küng setzt sich für die schriftliche Niederlegung, Zusammenfassung und Aufwertung von übereinstimmenden Grundwerten ein, um sie weltweit als ethische Normen anerkennen zu lassen.

Sich ergeben?

Der wehrlose »Kampf« verschafft den Feinden keinen Sieg, sondern macht sie zu feigen Schlächtern. Dies bewies 1945 kurz vor dem Ende des Zweiten Weltkriegs der Rechtsanwalt und Gutsbesitzer Helmuth James Graf von Moltke, der als Gründer des sogenannten »Kreisauer Kreises« in Verdacht gekommen war, sich dem Widerstand gegen Hitler angeschlossen zu haben. In dem Kreisauer Landgut Moltkes trafen sich Männer, die über die Zeit nach Kriegsende und vor allem über die nach Hitlers Herrschaft nachdachten, ohne konkrete Umsturzpläne auszuarbeiten. Moltke wurde mit anderen Teilnehmern dieser Gesprächsrunde zum Tode verurteilt. In Briefen an seine Frau beschrieb er seinen Aufenthalt in der Haftanstalt Tegel. Obwohl er dort gefesselt war und sich kaum bewegen konnte, beklagte er nie sein Los. Noch am 23. Januar 1945, dem Tag seiner Hinrichtung, schrieb Moltke an seine Frau: »Mir geht es gut, mein Herz. Ich bin nicht unruhig oder friedlos. Ich bin ganz bereit und entschlossen, mich Gottes Führung nicht nur gezwungen, sondern willig und freudig anzuvertrauen und zu wissen, dass er unser Bestes will.«

Eine ähnliche Erfahrung machten auch in einem algerischen Dorf lebende französische Mönche. Der Film »Von Göttern und Menschen« von Xavier Beauvois zeigt die Geschichte eines kleinen Klosters, die sich dort 1996 abgespielt hat. Die Mönche pflegen freundschaftliche Kontakte zu der muslimischen Bevölkerung, einer der Brüder ist sogar nebenbei als Arzt im Dorf tätig. Als Gefahr durch Terroristen droht, fordert die Polizei die Mönche auf, das Kloster zu verlassen und nach Frankreich zurückzukehren. Zunächst sind sich die Klosterbrüder nicht darüber einig, ob sie dieser Aufforderung folgen sollen, obwohl sie nach einigen bedrohlichen Vorkommnissen in der Gegend die Gefahr erkennen, in der sie leben. Doch dann befragt Abt Christian jeden noch einmal einzeln. Alle entscheiden sie sich für das Ausharren an ihrem Platz. Sie wissen, dass ihr Martyrium bevorsteht, sie erkennen auch, dass sie völlig wehrlos sind, doch sie ergeben sich in ihr Los. Mitten in der Nacht wird das kleine Kloster von einer Terrorgruppe überfallen, die Mönche werden abgeführt. Später werden ihre abgeschlagenen Köpfe entdeckt. Der Fall wurde von der algerischen Polizei nie aufgeklärt.

Es gibt einen »Kampf«, der dem Gegner den Sieg raubt. Es ist die Ergebung in ein unabänderliches Schicksal, den ein Mensch ohne Hass und Furcht ertragen kann, wenn er, wie Moltke oder die Mönche des Films, geistig dazu in der Lage ist. Es ist die Ergebung, mit der seit Urzeiten die Märtyrer ihren Peinigern den Sieg genommen haben. Man kann das Schicksal solcher Menschen als Symbol für alle empfinden, auch wenn sie nicht gerade mit dem Tod bedroht werden. Es geht um den Auftrag, zu entscheiden, entweder einen aussichtslosen Kampf zu wagen oder sich dem Schicksal zu ergeben, um es bewusst anzunehmen. Eine solche Ergebung kann sich auch bei einer todbringenden Krankheit, schweren Verwundung oder in Gefangenschaft einstellen. Es ist eine Entscheidung, der sich auch seinerzeit Dietrich Bonhoeffer stellen musste, dessen Briefe und Aufzeichnungen aus der Haft unter dem Titel »Widerstand und Ergebung« veröffentlicht wurden.

Das Böse wird überwunden, wenn man ihm sein Wesen nimmt. Wer sich der Fügung Gottes anvertraut, erbittet nicht die Verschonung, sondern begnügt sich mit dem Be-

179

wusstsein seiner Geborgenheit im zeitlosen Weltgeschehen. Dabei kann es nie um die Sicherheit gehen, im Paradies zu landen, denn von dort ist noch kein Abenteurer zurückgekehrt, der darüber berichten konnte. Das Bestreben des Teufels, den Menschen von der Geborgenheit in der Welt zu trennen und den Menschen im Chaos der Sinnlosigkeit zurückzulassen, wird ihm durch solche Menschen unmöglich gemacht. Sie unterliegen den Mächtigen und siegen zugleich über den bösen Geist, der sie beherrscht.

Geistige Felder aufbauen und stärken

Es geht darum, den Teufel mit Waffen zu überwinden, über die er selbst nicht verfügt. Wo er trennt, muss versucht werden, das Getrennte zusammenzufügen. Wo er mit materiellen Waffen kämpft, müssen ihm geistige entgegengehalten werden. Wo er Chaos stiften will, müssen ihm ordnende, aufbauende, generative Kräfte antworten. Solche Mittel erscheinen zunächst schwach, doch auf lange Sicht sind sie die dauerhaften, weil nur sie das Böse entmachten können.

Wenn der damalige US-Präsident George W. Bush nach dem Verbrechen vom 11. September 2001 sich von christlichen Werten hätte leiten lassen – und nicht nur von ihnen gesprochen hätte –, dann hätte er als Erstes versuchen müssen, mit Vertretern der als »Achse des Bösen« verurteilten Länder an einem neutralen Ort in ein versöhnliches Gespräch zu kommen, er hätte auch erfahrene Mediatoren hinzuziehen können. Vielleicht hätte er dann aus erster Hand erfahren, wodurch in manchen vom Islam geprägten Gesellschaften eine so tiefe Abneigung gegen die Art aufgekeimt ist, wie die USA ihre Weltmacht ausspielen. Ob Bush damit etwas erreicht hätte, kann nachträglich niemand sicher beurteilen, doch immerhin bleibt festzustellen, dass dieser Versuch vermutlich unter dem Einfluss der Milliarden verdienenden Rüstungsindustrie damals nicht unternommen wurde. Wenn der Präsident besser beraten gewesen wäre, dann hätte man dem Nichtsahnenden gesagt, dass mit herkömmlichem Kriegsgerät der Terrorismus nicht niedergezwungen werden kann.

Gerade die Amerikaner hatten doch im 20. Jahrhundert schon reichlich Erfahrungen sammeln können, wie wenig sie trotz ihres aufwendigen Einsatzes in Asien ausrichten konnten. Wer mithilfe des Teufels gegen den Teufel des anderen kämpft, erreicht damit nur, dass sich beide Teufel miteinander verbünden und gemeinsam gegen beide Gegner kämpfen. Es geht nie darum, das Böse endgültig zu besiegen, das ist unmöglich, doch das nie erreichbare Ziel muss bleiben, den Nährboden des Bösen auszutrocknen und ihm sein Angriffsfeld zu entziehen. Dies ist ein nie endendes Unterfangen, denn es wird so keine Siege mit Fahnen, Fanfaren und Feuerwerk geben, sondern allenfalls die Genugtuung, dass Schlimmeres vermieden wurde.

Friede ist kein passiver Zustand, er kann nur durch ständige Arbeit an und mit ihm erreicht und aufrechterhalten werden. Grundlage im Sinne der verschiedenen Weltreligionen ist eine seelische Geborgenheit, die angestrebt werden kann, indem man sich dem göttlichen Willen, einem sinngebenden Ziel oder dem Universalwillen ergibt. Seit Menschengedenken hat sich in allen Kulturen das Bewusstsein entwickelt, einer höheren geistigen Macht gegenüber verantwortlich zu sein, auch wenn man sie nicht kennt. Es geht dem nach Weisheit Strebenden um Befreiung von immer wieder aufkeimenden bösen Einflüssen. So kann man auch Jesus verstehen, wenn er lehrt (im Vaterunser): »Erlöse uns von dem Bösen.« Oder, wie in einer anderen Übersetzung: »Befreie uns von der Macht der Bösen.« Daher geht dem Betenden diese Bitte »Führe uns nicht in Versuchung« voraus, dies ist vielleicht für heutige Menschen besser ausgedeutet mit den Worten: »Gib uns die Kraft, in Versuchungen zu widerstehen.« Der Mensch, der diese Bitten gegenüber dem in diesem Sinne persönlich gegenüberstehenden Gott ausspricht, bittet nicht nur für sich, sondern für alle. Er spricht von »uns« und nicht von »mir«. Das Gebet wird somit ein geistiger Ruf aus dem »Ichgefängnis«, es baut Felder auf, die auf andere ausstrahlen können. Überzeugende Erfahrungen, wie diese Kraft, wenn sie richtig verstanden wird, zum Guten beitragen kann, hat es immer gegeben, daran wird sich nichts ändern.

Fazit:

Ein System, wie man dem Bösen begegnen kann, gibt es nicht. Wir müssen im Umgang mit dem Teufel mindestens so flexibel sein wie dieser. Es gehört die Bereitschaft dazu, anhand von Lebenserfahrungen und Beispielen sich die Weisheit anzueignen, die einen Menschen befähigt, im Einzelfall auf die Herausforderungen durch das Böse angemessen zu reagieren. Das schließt nicht aus, dass es immer Menschen geben wird, die intuitiv wirksam handeln, wenn sie vom Bösen bedroht werden.

Da das Böse eine geistige Macht ist, kann man es nicht mit materiellen Mitteln bekämpfen, davon unberührt bleibt das Recht auf Verteidigung.

Das Böse lässt sich am ehesten dadurch bekämpfen, dass man dem Teufel den Zutritt verwehrt.

Es kommt darauf an, das Böse aufzuspüren, wo es sich noch nicht zeigt.

In Gemeinschaften, die zusammenhalten, kann das Böse nicht Fuß fassen.

Jeder kann sich Freiräume schaffen, in die das Böse nicht vordringen kann.

Auch wenn das Böse als Ganzes nie überwunden werden kann, ist der Mensch aufgefordert, diese Macht in Schranken zu halten und womöglich den entstandenen Konflikt auszugleichen.

Der Kampf gegen den Teufel darf nicht mit teuflischen Mitteln geführt werden, denn so werden keine dauerhaften Siege erlangt. Es kommt auf die geistige Bereitschaft an, sich mit der ganzen Persönlichkeit einzusetzen.

Wenn der Kampf aussichtslos erscheint, kann man sich seinem Schicksal ergeben und so dem Bösen die Macht über uns nehmen.

Anhang

Klassische und moderne »Tugenden und Sünden«

Von »Tugenden« und »Sünden« ist in diesem Buch nicht die Rede, damit haben heute selbst Theologen ihre Probleme. Dennoch ist das, was hinter diesen Begriffen steht, längst nicht überholt; im Gegenteil, vielleicht wäre es an der Zeit, sich über diesen klassischen Gegensatz wieder Gedanken zu machen. Das Böse sucht sich Zutritt zum Menschen durch dessen schlechte Eigenschaften und andererseits können gute Eigenschaften und Absichten ihm diesen Zutritt verwehren. Die tabellarische Form einer an überkommenen Lehren anknüpfenden »Kurzethik« kann allerdings eingehendere Gedanken nicht ersetzen. Die hier jeweils genannten »Gegensätze« wurden für dieses Buch erarbeitet.

Die »Hauptlaster« wurden früher fälschlicherweise als »Todsünden« bezeichnet, obwohl der schlechte Charakter als solcher noch keine Sünde ist, es kommt darauf an, wie man mit ihm umgeht. Die sogenannten Todsünden sind in alten Schriften seit dem 4. Jahrhundert v. Chr. nachweisbar. Die vier »Kardinaltugenden« werden sowohl von Platon als auch von Aristoteles genannt, sie beruhten schon damals im 4. Jahrhundert v. Chr. auf überkommenen Lehren. Die »neuen Tugenden« werden so oder ähnlich in der modernen Managementliteratur aufgeführt, es sind die Eigenschaften erfolgreicher (nützlicher) Mitarbeiter. Die Seligpreisungen Jesu stehen in der Bergpredigt, Matthäusevangelium, 5. Kapitel. Hier genannt sind aus ihnen nur die Sätze, die sich als Eigenschaften und ihr Gegenteil ausdeuten lassen. Die »Zehn Vollkommenheiten« werden in einer legendären Buddhabiografie aufgeführt. Quelle (ohne die hier genannten Gegensätze): »Buddha – Pfad zur Erleuchtung«.

Sieben Hauptlaster	Auswirkung	Gegensatz
Hochmut	Verachtung der angebl. Minderwertigen	Demut, Toleranz
Geiz	Egoismus, Profitgier	Großzügigkeit
Wollust	Sexuelle Gewalt, Missbrauch, Sadismus	Liebe
Neid	Hass auf die (Mehr-) Besitzenden	Zufriedenheit
Völlerei	Maßlosigkeit im Lebensstil	Selbstbeherrschung
Zorn	Gewalt, Aggression	Friedfertigkeit
Trägheit	Faulheit, Passivität, Unbeweglichkeit	Aufmerksamkeit, Aktivität

Kardinaltugenden	Auswirkung	Gegensatz
Weisheit	Erkennen von Zusammenhängen	Torheit, leere Intelligenz
Mäßigkeit	Das rechte Maß finden	Maßlosigkeit
Tapferkeit	Mut, Zivilcourage	Feigheit, Ängstlichkeit
Gerechtigkeit	Ehrlichkeit, Unbefangenheit	Ungerechtigkeit, Korruption

Tugenden nach den Seligpreisungen Jesu	Gegensatz
Gewaltlosigkeit, Sorgsamkeit, Verständnis	Gewaltbereitschaft, Zerstörungswut, Aggression
Gerechtigkeit, Großzügigkeit, Aufrichtigkeit	Ungerechtigkeit, Selbstgerechtigkeit, Korruption
Barmherzigkeit, Hilfsbereitschaft, Nächstenliebe	Rücksichtslosigkeit, Kaltherzigkeit
Herzensreinheit, Aufrichtigkeit	Hinterhältigkeit, Verlogenheit
Friedfertigkeit, Duldsamkeit	Aggression, Zorn, Intoleranz

187

Die Zehn Vollkommenheiten nach Buddha	Gegensatz
Spenden, Großzügigkeit	Geiz, Kleinmut
Sittliche Zucht	Zuchtlosigkeit
Entsagung	Anspruchsdenken
Erkenntnis	Interesselosigkeit in Bezug auf Geistiges
Energie	Trägheit
Geduld	Ungeduld, Oberflächlichkeit
Wahrhaftigkeit	Verlogenheit, Hinterhältigkeit
Standhaftigkeit	Wankelmut, Charakterschwäche
Liebe zu allen Wesen	Egoismus, Rücksichtslosigkeit
Gleichmut	Reizbarkeit

»Neue Tugenden« für das Arbeitsleben	Gegensatz
Kontaktfähigkeit, Offenheit	Verschlossenheit
Kreativität	Fantasielosigkeit
Solidarität	Egoismus, Karrieresucht
Flexibilität	Sturheit, Schwerfälligkeit, Umständlichkeit
Mobilität, Einsatzbereitschaft	An der Stelle kleben
Durchhaltevermögen	Resignation, Frustration
Zuverlässigkeit	Labilität, Schlamperei

»Neue Tugenden« stehen hier im Gegensatz zu den traditionellen Tugenden im Arbeitsleben wie Gehorsam, Treue, Fleiß, die allerdings nicht, wie es manchmal geschieht, als Sklaventugenden »verteufelt« werden sollten.

Literatur

Aivanhov, Omraam Mikhaël: Die Antwort auf das Böse, Rottweil 2005

Arendt, Hannah: Eichmann in Jerusalem, München 1964

Aristoteles: Die Nikomachische Ethik, übersetzt von Olof Gigon, Zürich und München 1967

Berger, Klaus: Wozu ist der Teufel da? Gütersloh 1998

Berger, Klaus und Christiane Nord (Übersetzung und Kommentierung): Das Neue Testament und frühchristliche Schriften, Frankfurt am Main und Leipzig, 2005

Blaffer Hrdy, Sarah: Mütter und andere (Mothers and others) – Wie die Evolution uns zu sozialen Wesen gemacht hat, Berlin 2010

Bohm, David und F. Davit Peat: Das neue Weltbild, München 1990

Bruno, Giordano: Von der Ursache, dem Prinzip und dem Einen – Akten des Prozesses gegen Giordano Bruno, Berlin 1987

Buber, Martin: Ich und Du, Stuttgart 1995

Camus, Albert: Der Mythos von Sisyphos, Hamburg 1959

Chargaff, Erwin: Bemerkungen, Stuttgart 1981

Daecke, Sigurd Martin und Carsten Bresch (Hrsg.): Gut und Böse in der Evolution, Stuttgart 1995

Dalferth, Ingolf U.: Das Böse. Essay über die Denkform des Unbegreiflichen, Tübingen 2006

Diogenes Laertius: Leben und Meinungen berühmter Philosophen (2./3. Jh.), Hamburg 1990

Einstein, Albert: Mein Weltbild, Zürich 1953

Frankl, Viktor E.: … trotzdem Ja zum Leben sagen, München 1977

-: Der Mensch vor der Frage nach dem Sinn, München 1979/1985

Freud, Sigmund: Das Ich und das Es (1923), Frankfurt am Main 1978

Fromm, Erich: Anatomie der menschlichen Destruktivität, Stuttgart 1974

-: Jenseits der Illusionen, Stuttgart 1979

von Glasenapp, Helmuth (Hrsg.): Buddha – Pfad zur Erleuchtung, Buddhistische Grundtexte, Düsseldorf/Köln, 1956

Görres Albert und Karl Rahner: Das Böse – Wege zu seiner Bewältigung in Psychotherapie und Christentum, Freiburg/Basel/Wien 1982

Hegel, G. F. W.: Werke in zwanzig Bänden, Frankfurt am Main, 1970

Heisig, Kirsten: Das Ende der Geduld, Freiburg/Basel/Wien 2010

Jaspers, Karl: Der philosophische Glaube, Neuausgabe, München 1974

Jonas, Hans: Das Prinzip Verantwortung, Frankfurt am Main 1979

-: Philosophische Untersuchungen und metaphysische Vermutungen, Frankfurt am Main und Leipzig 1992

Jung, Carl Gustav: Mensch und Seele, hrsg. von Jolande Jacobi, Olten und Freiburg (Brsg.) 1971

-: Erinnerungen, Träume, Gedanken, hrsg. von Aniela Jaffé

-: Von Gut und Böse, ausgewählt von Franz Alt, Olten und Freiburg 1990

Kant, Immanuel: Werksausgabe 1995, nach dem Text der Ausgabe der Königlich Preußischen Akademie der Wissenschaften, Berlin 1902/10

Kerner, Hans-Jürgen: Das Böse im Verbrechen, in: Klosinski 2007

Kirchhoff, Jochen: Giordano Bruno, Reinbek bei Hamburg 1980

Kiowsky, Hellmuth: Die Urkraft des Bösen. Das Böse – ein notwendiger Faktor im Weltgeschehen, Herbolzheim 2008

Klosinski, Gunther (Hrsg.): Über Gut und Böse, Tübingen 2007

Küng, Hans: Projekt Weltethos, München 1992

-: Dokumentation zum Weltethos, München/Zürich 2002

Lauxmann, Frieder: Die kranke Hierarchie, Stuttgart 1971
  -: Weniger wissen – mehr verstehen, Stuttgart 1977
  -: Der philosophische Garten, München 1994
  -: Mit Hegel auf der Datenautobahn, München 1996
  -: Zehn Wege zum unabhängigen Denken, 2. Aufl. Würzburg 1998
  -: Der philosophische Himmel, München 1999
  -: Die Philosophie der Weisheit, München 2002
  -: Wonach sollen wir uns richten? Ethische Grundmodelle, Stuttgart/Zürich, 2002
  -: Die Schöpfung, München 2004
  -: Vom Nutzen des unnützen Denkens, München 2007
  -: Kleines Lexikon philosophischer Irrtümer, Gütersloh 2009
Leipziger Kommentar zum Strafgesetzbuch; 12. Auflage, Berlin 2007
Lenk, Hans: Bewusstsein als Schemainterpretation, Paderborn 2004
  -: Das flexible Vielfachwesen, Weilerswist 2010
Lorenz, Konrad: Das sogenannte Böse, Wien 1963
  -: Die Rückseite des Spiegels – Versuch einer Naturgeschichte der menschlichen Erkenntnis, München 1973
  -: Die acht Todsünden der zivilisierten Menschheit, München 1973
Lovelock, James: Das Gaia-Prinzip – Die Biographie unseres Planeten, Frankfurt am Main 1993
  -: Gaias Rache. Warum die Erde sich wehrt, Berlin 2007
Lukrez (Lucretius Carus): Vom Wissen des Weltalls (De rerum natura). Deutsch von Dietrich Ebener, Berlin und Weimar 1994
Luhmann, Niklas: Was ist Kommunikation?, in: short cuts, Frankfurt am Main 2000
Marc Aurel: Selbstbetrachtungen, Stuttgart 1973
Markowitsch, Hans J. und Werner Siefer: Tatort Gehirn – Auf der Suche nach dem Ursprung des Verbrechens, Frankfurt/New York 2007

Messadié, Gerald: Teufel, Satan, Luzifer – Universalgeschichte des Bösen, Frankfurt am Main 1995

von Moltke, Helmuth James und Freya: Abschiedsbriefe Gefängnis Tegel, München 2011

Monod, Jacques: Zufall und Notwendigkeit, München 1975

Neu, Rainer: Das Mediale – Die Suche nach der Einheit der Religionen in der Religionswissenschaft, Stuttgart 2010

Nietzsche, Friedrich: Werke, hrsg. von K. Schlechta, München/Wien 1973

Olsberg, Karl: Schöpfung außer Kontrolle – wie die Technik uns benutzt, Berlin 2010

Pieper, Annemarie: Gut und Böse, München 1997

-: Einführung in die Ethik, 4. Aufl. Tübingen/Basel 2000

Platon: Sämtliche Werke, übertragen von Rudolf Rufener, Zürich und München 1974

Popper, Karl: Objektive Erkenntnis, Hamburg 1973

Remschmidt, Helmut, Martin Schmidt, Fritz Poustka (Hrsg.): Multiaxiales Klassifikationsschema für psychische Störungen des Kindes- und Jugendalters; 5. Aufl., Bern u. a. 2006

Rummel, Rudolph J.: Demozid – der befohlene Tod (Death by Government , 1994), Münster/Hamburg/London 2003

Sacks, Oliver: Der einarmige Pianist – Über Musik und das Gehirn, Reinbek bei Hamburg, 2008

Safranski, Rüdiger: Das Böse oder Das Drama der menschlichen Freiheit, München/Wien 1997

Saviano, Roberto: Gomorrha – Reise in das Reich der Camorra, München 2009

Schelling, Friedrich Wilhelm Joseph: Werke (Münchner Jubiläumsdruck) 1927, 3. Auflage, München 1979

Schopenhauer, Arthur: Werke in fünf Bänden, hrsg. Ludger Lütkehaus, Zürich 1988

Schweitzer, Albert: Kultur und Ethik, München 1923

Spinoza, Benedictus (Baruch): Die Ethik, Schriften, Briefe, Stuttgart 1976

Stahl, Arne: Hat Gaia Krebs?, in: Daecke/Bresch: Gut und Böse in der Evolution, Stuttgart 1995

Upanishaden – Die Geheimlehre der Inder, Düsseldorf/Köln 1977

Weizenbaum, Joseph: Die Macht der Computer und die Ohnmacht der Vernunft, Frankfurt am Main 1977

Wiener, Norbert: Kybernetik, 2. Aufl., Düsseldorf/Wien 1965

Wuketits, Franz M.: Warum uns das Böse fasziniert, Stuttgart 2000

-: Wie viel Moral verträgt der Mensch?, Gütersloh 2010

Register

196

Bücher von Frieder Lauxmann

Vom Nutzen des unnützen Denkens
Irrtümer und unnütze Gedanken stehen oft am Beginn einer grundlegenden Neuerung. Anhand vieler Beispiele erklärt Frieder Lauxmann, wie gerade das nicht-zielgerichtete Handeln die Welt bewegt.

»Anregung und Einladung zu Mußestunden verbunden mit Impulsen, weiter zu denken.«
Deutschlandradio Kultur

208 Seiten, ISBN 978-3-485-01103-7

Die Philosophie der Weisheit
Heutzutage kommt sie zu kurz, doch nur mit ihr lassen sich die Probleme unserer Gesellschaft lösen: Frieder Lauxmann untersucht das Phänomen Weisheit, öffnet den Blick für gesellschaftlich sanktionierte Denktorheiten und zeigt Wege zur Überwindung der Krise unseres Denkens.

272 Seiten, ISBN 978-3-485-00922-5

Die Schöpfung
Zufallsprodukt oder ein sinnerfülltes Werk eines Schöpfergottes? Einfach und klar stellt Frieder Lauxmann die verschiedenen Erklärungsmodelle zur Entstehung der Welt dar und entwirft daraus eine Schöpfungsethik zu ihrem Erhalt.

248 Seiten, ISBN 978-3-485-01025-2

nymphenburger www.nymphenburger-verlag.de

klassik radio

lese zeit

Klassik Radio Lesezeit.
Jeden Sonntag von 14 bis 15 Uhr.

Bringt Bücher ins Gespräch.
Stellt Ihnen die Autoren vor.
Informiert über spannende Hintergründe.
Präsentiert von Clemens Benke.

www.klassikradio.de
Einschalten, nachlesen, reinhören